코딩 프렌즈와 함께 하는

스크래치
게임 챌린지

지란지교에듀랩, 이휘동 저

YoungJin.com Y.
영진닷컴

코딩 프렌즈와 함께 하는
스크래치 게임 챌린지

ISBN : 978-89-314-6339-2

독자님의 의견을 받습니다.

이 책을 구입한 독자님은 영진닷컴의 가장 중요한 비평가이자 조언가입니다. 저희 책의 장점과 문제점이 무엇인지, 어떤 책이
출판되기를 바라는지, 책을 더욱 알차게 꾸밀 수 있는 아이디어가 있으면 팩스나 이메일, 또는 우편으로 연락주시기 바랍니
다. 의견을 주실 때에는 책 제목 및 독자님의 성함과 연락처(전화번호나 이메일)를 꼭 남겨 주시기 바랍니다. 독자님의 의견에
대해 바로 답변을 드리고, 또 독자님의 의견을 다음 책에 충분히 반영하도록 늘 노력하겠습니다.

이메일 : support@youngjin.com
주 소 : (우)08507 서울시 금천구 가산디지털1로 128 STX-V타워 4층 401호

STAFF
저자 지란지교에듀랩, 이휘동 | **게임 디자이너** 한지수 | **총괄** 김태경 | **진행** 김민경 | **표지디자인** 김효정
내지디자인·편집 김소연 | **영업** 박준용, 임용수 | **마케팅** 이승희, 김근주, 조민영, 이은정, 김예진 | **제작** 황장협
인쇄 제이엠

머릿말

코딩은 컴퓨터의 언어를 배우는 것이고 소프트웨어를 만드는 과정입니다. C나 파이썬, 자바 같은 실제 언어를 배우기 위해서는 컴퓨터의 기본적인 여러 개념과 환경이 갖춰져야 해서 어린 학생들이 바로 접근하기 어렵고 자칫 코딩에 대한 인식이 어려워 또 하나의 수학 같은 과목이라고 생각될 수 있습니다.

스크래치(Scratch)는 전 세계 학생들이 그래픽환경에서 컴퓨터 코딩을 배울 수 있도록 MIT 미디어랩에서 개발된 교육용 프로그래밍 언어(Educational Programming Language)입니다.

블록형 언어라고도 불리는 이 스크래치를 통해 실제 컴퓨터 언어에서 사용될 수 있는 순차, 반복, 조건, 연산뿐 아니라 함수, 변수, 리스트 등 다소 어려운 개념들 또한 쉽게 이해할 수 있습니다.

이 책에서는 하나의 게임을 만들기 위해 여러 미션을 수행하도록 구성되어 있습니다. 블록을 그대로 따라하기도 하고 지문을 보고 어떤 블록을 사용해야 할지 생각하고 어떤 블록이 잘못되어있는지 찾고 자신만의 방법으로 기능을 확장해 나갈 수도 있습니다. 점점 난이도가 높아지는 작품들을 통해 완성도 높은 게임 작품을 만들어 자신만의 방법으로 바꿔보길 바랍니다.

게임을 만들어나가는 과정에서 작성자에게 여러 특징이 나타날 수 있습니다. 어떤 이는 더 쉽고 빠르게 움직이게 하고 어떤 친구는 그래픽 효과로 더 멋지게 표현하고 또 어떤 학생은 자신만의 기능을 추가해 게임을 더 재밌고 풍부하게 만들 것입니다. 이는 여러 재료를 주고 그걸로 집을 만들어 보라고 하는 것과 같습니다.

정해진 답을 구하는 능력이 중요한 시대는 지나가고 있습니다. 이제, 주어진 문제를 어떻게 창의적이고 효율적으로 해결할지를 생각해야 합니다. 앞으로의 시대를 살아갈 아이들에게 조그만 꿈을 심어줄 수 있기를 기대해 봅니다.

이 책이 나오기까지 항상 옆에서 응원해주는 우빈이와 한지수 실장님. 연심, 효정, 별, 송과장님. 항상 믿고 격려해 주시는 지란지교 오치영CDO님과 남권우 대표님께 감사드립니다. 끝으로 출간에 많은 도움을 주신 영진닷컴에 감사의 말씀을 전합니다.

이휘동
Jack Mountain

저자 이휘동

지란지교에듀랩 대표이자 이코딩아카데미 원장을 맡고 있다. 아주대 컴퓨터공학과 출신으로 2006년부터 10여 년간 IT 보안 솔루션을 기획/개발하였다. 2017년부터 현재까지 코딩학원을 운영하면서 코딩교육 콘텐츠를 제작하고, 지금까지 수백 명의 학생들을 가르치면서 검증된 재미있고 다양한 형태의 코딩 콘텐츠를 여러 채널로 공개하고 공유하고자 한다.

이 책의 구성과 특징

작품 설명
▶ 각 작품들의 기능들과 특징, 조작방법 등을 설명합니다.

생각 열기
▶ 학습할 내용의 주요 개념에 대해 생각해 보고 어떻게 블록으로 구현해야 할지 살펴봅니다.

학습 포인트
▶ 작품의 주요 기능과 미션을 해결하기 위한 학습 내용을 익힙니다.

주요 신호와 변수
▶ 작품을 만들기 위해 기본적인 준비작업과 미션을 수행하기 전 주요 신호와 변수에 대해 익힙니다.

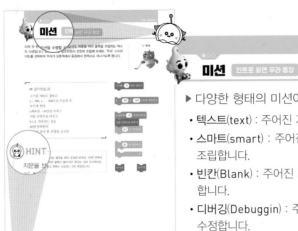

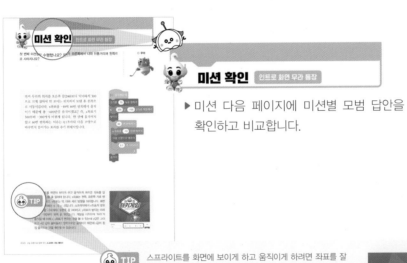

미션 인트로 화면 무라 등장

▶ 다양한 형태의 미션이 난이도 별로 주어집니다.

- **텍스트(text)** : 주어진 지문을 보고 그대로 블록을 찾아 조립합니다.
- **스마트(smart)** : 주어진 지문의 기능을 이해하고 블록을 활용하여 조립합니다.
- **빈칸(Blank)** : 주어진 지문을 참조하여 빈칸에 알맞은 블록을 조립합니다.
- **디버깅(Debuggin)** : 주어진 블록을 조립한 후 잘못된 부분을 찾아 수정합니다.
- **챌린지(Challenge)** : 기능을 확장하고 미션을 클리어하는 미션입니다.

힌트

▶ 미션마다 난이도에 따라 힌트 블록과 설명을 해 줍니다.

미션 확인 인트로 화면 무라 등장

▶ 미션 다음 페이지에 미션별 모범 답안을 확인하고 비교합니다.

TIP

스프라이트를 화면에 보이게 하고 움직이게 하려면 좌표를 잘 이해하고 다룰 줄 알아야 합니다. x좌표는 왼쪽, 오른쪽 가로 방향을 의미하고, y좌표는 위, 아래 세로 방향을 의미합니다. 화면 정중앙의 좌표는 x : 0, y : 0입니다. 스크래치에서 x좌표의 범위는 왼쪽 끝 −240부터 오른쪽 끝 240이고, y좌표의 범위는 아래쪽 끝 −180부터 위쪽 끝 180입니다. 게임을 시작하여 '무라'가 움직일 때 아래 x, y좌표가 변하는' 것을 볼 수 있는데 y값은 그대로고 x만 값이 줄어들죠? 왼쪽으로만 움직이기 때문에 x값이 점점 줄어드는 것을 확인할 수 있습니다.

TIP

▶ 추가적으로 알아두면 좋을 팁들을 미션 사이사이 제공합니다.

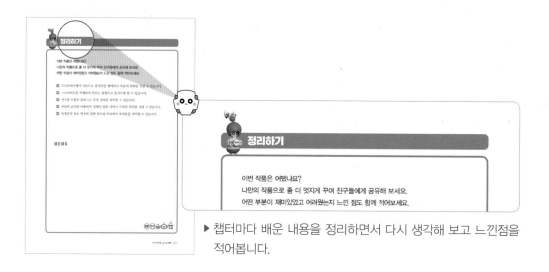

▶ 챕터마다 배운 내용을 정리하면서 다시 생각해 보고 느낀점을 적어봅니다.

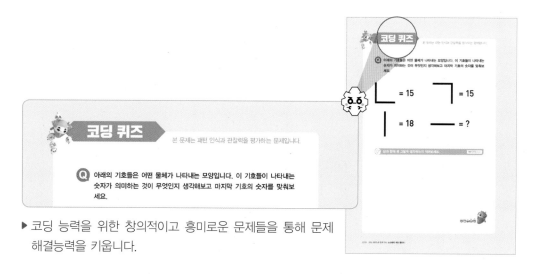

▶ 코딩 능력을 위한 창의적이고 흥미로운 문제들을 통해 문제 해결능력을 키웁니다.

▶ 코딩과 관련된 용어와 최신 기술들을 알기 쉽게 설명해 줍니다.

실습파일 다운로드

이 책에 나오는 모든 게임 작품의 소스 코드는 다운받아 사용할 수 있습니다.

다운받은 'sb3' 파일을 [파일] > [Load from your computer] 메뉴를 클릭하여 파일을 선택하고 [열기] 버튼을 눌러 작품을 불러옵니다.

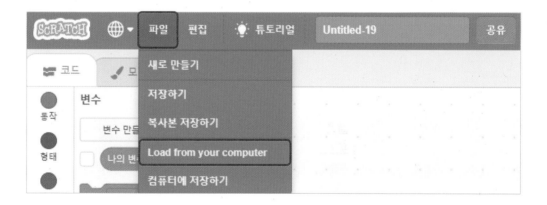

에러 및 기타 문의사항은 *jedulab@jiran.com*으로 보내주세요.

목차

스크래치란?

스크래치(Scratch)는 **MIT** 미디어랩에서 개발한 누구나 쉽게 코딩을 배울 수 있도록 만들어진 교육용 프로그래밍 언어(**EPL**) 및 환경입니다. 블록으로 이루어진 명령어를 조립하여 프로그래밍을 할 수 있도록 되어 있어 전 세계 어린이 및 어른들도 프로그래밍의 기본 원리를 이해하기 위한 도구로 사용되고 있으며 다른 사람들과 공유하고 공동으로 작업할 수도 있습니다.

스크래치의 장점

▶ **명령어 블록 프로그래밍 방식**

스크래치는 독립적인 블록을 결합하여 생각한 기능을 직관적으로 확인하면서 프로그램을 만들 수 있도록 해 줍니다. 블록을 결합하는 방식이기 때문에 일반적인 프로그래밍과는 달리 문법 오류가 적으며, 프로그램 구조를 쉽게 파악할 수 있습니다.

▶ **공유를 통한 학습**

사용자가 만든 프로젝트는 스크래치 공식 사이트(http://scratch.mit.edu/)를 이용하여 공유할 수 있으며, 이를 통해 다양한 아이디어를 얻고 학습에 활용할 수 있습니다. 또한, 문제를 해결하기 위해 질의/답변과 같은 과정을 통하여 소통 할 수 있습니다.

▶ **다양한 미디어 조작기능**

일반적인 프로그래밍 언어에서는 복잡한 과정을 거쳐야 멀티미디어를 조작 할 수 있지만 스크래치에서는 그래픽, 애니메이션, 소리, 음악 등과 같은 미디어 효과들을 손쉽게 사용 할 수 있습니다.

C 언어	스크래치

``int forward = 0;
while(1) {
    if(forward == 1) {
        for(int i=0;i<5;i++) {
            move(x, 10);
        }
    }
}```

스크래치 접속하기

스크래치는 기본적으로 온라인에 접속하여 사용할 수 있습니다. 2019년 1월부터 3.0 버전으로 바뀌어 모바일 장치를 지원하고 더 풍부하고 다양한 기능을 제공하고 있습니다. 오프라인 버전도 제공하지만 웹상에서 온라인 버전으로 이용하는 것을 권장합니다. 온라인 서비스는 인터넷 익스플로러를 지원하지 않기 때문에 최신판 구글 크롬을 이용하는 것을 권장합니다.

브라우저 주소창에 'scratch.mit.edu'를 직접 입력하거나 포털 검색창에 '스크래치'로 검색하여 사이트에 접속합니다.

인터넷 사용이 어려운 경우 오프라인 프로그램을 사이트 하단에서 '다운로드' 버튼을 눌러 다운받아 사용할 수 있습니다.

소개	커뮤니티	지원
스크래치에 대해서	커뮤니티 지침	아이디어
부모	토론방	자주 묻는 질문(FAQ)
교육자	스크래치 위키	다운로드
개발자를 위해서	통계	문의하기
공로자		스크래치 상품 판매점
채용		기부
언론 보도		

스크래치 회원가입

스크래치 홈페이지 우측 상단에 '스크래치 가입' 메뉴를 선택하여 회원가입을 할 수 있습니다. 자신이 만든 작품을 온라인에서 관리하고 공유하기 위해 가입을 한 후 사용할 것을 권장합니다.

SCRATCH	만들기	탐험하기	아이디어	소개	🔍 검색		스크래치 가입	로그인

스크래치 가입

프로젝트를 만들고, 생각을 공유하고, 친구를 만드세요. 무료입니다!

사용자 이름 만들기

coding-friends

비밀번호 만들기

•••••

•••••

☐ 비밀번호 표시

다음

'스크래치 가입' 버튼을 눌러 사용자 이름과 비밀번호를 입력 후 '다음' 버튼을 누릅니다.
사용자 이름은 영문, 숫자, - , _ 만 사용할 수 있습니다. 비밀번호는 6글자 이상 입력해야 합니다. 이름과 비밀번호를 잊어버리지 않기 위해 다른 곳에 적어두거나 사진으로 찍어두세요.

다음 국가를 선택합니다. 'Korea, Republic of'를 선택해주세요. 그리고 생년월, 성별, 이메일을 입력한 후 '계정 만들기' 버튼을 누르면 최종적으로 계정이 생성됩니다.

온라인 메뉴 살펴보기

자신의 계정으로 로그인하면 다음과 같이 메뉴들이 나타납니다. 상단 메뉴들을 먼저 살펴볼까요?

① **만들기** : 작품을 만들기 위한 버튼으로 가장 중요한 메뉴입니다.

② **탐험하기** : 다른 사람들이 공유한 작품들을 볼 수 있습니다.

③ **아이디어** : 다양한 기능을 익히기 위한 튜토리얼을 따라해 볼 수 있습니다.

④ **소개** : 스크래치에 대한 소개 페이지입니다.

⑤ **내 작업실** : 내 작품들을 저장하고 관리할 수 있는 공간입니다.

 홈페이지가 모두 영어로 보인다구요? 그럴 경우 당황하지 말고 페이지 가장 하단의 언어 선택 부분을 '한국어'로 변경해 주세요. ☺

자신의 계정 이름을 클릭하여 정보를 확인하고 변경할 수 있습니다. '내 작업실'을 선택하거나 로그아웃을 할 수 있습니다. 여러 사람이 사용하는 PC일 경우 사용 후에 꼭 로그아웃을 해 주세요.

만들기 : 기본구성 살펴보기

이제, '만들기' 메뉴를 눌러 작품을 만드는 공간을 살펴보겠습니다.

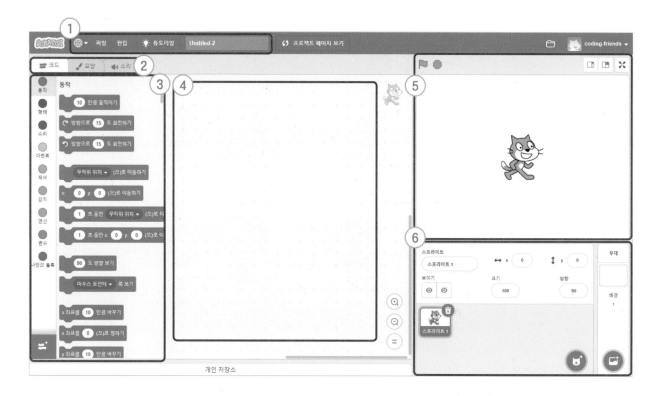

크게 나누어서 살펴보면,

1. 상단의 '파일' 메뉴에서 파일을 저장하거나 불러오고 작품을 이름을 작성할 수 있습니다.

2. 블록의 코드, 모양, 소리를 보여주는 탭 메뉴입니다.

3. 모든 블록을 모아놓은 곳으로, 왼쪽 메뉴를 선택하면 해당 블록들이 보여지고 스크롤로 블록을 찾아 사용할 수도 있습니다.

4. 블록을 가져다 조립하는 작업공간입니다. 선택된 스프라이트마다 각각 블록을 조립하는 작업공간이 있습니다.

5. 스테이지로 작품이 실행되는 공간입니다. 상단 녹색 깃발을 눌러시작하고 옆의 정지 버튼으로 멈춥니다. 우측 세개의 버튼으로 화면의 크기를 조절할 수 있습니다.

6. 스프라이트들이 보여지는 공간으로, 무대와 스프라이트 영역이 구분되어져 있습니다. 상단에는 스프라이트 이름과 여러 속성들이 보여지고 이를 변경할 수 있습니다.

블록 모음 살펴보기

화면 좌측 블록 모음의 각 메뉴들을 살펴볼까요?

▶ **동작** : 스프라이트를 움직이게 하는 블록들이 있습니다. 방향을 회전시키고 그 방향으로 움직이게 합니다. 특정 위치로 이동하게 하고 x, y 좌표에 따른 움직임 등의 블록을 사용할 수 있습니다. (움직이게 하는건 동작!)

▶ **형태** : 스프라이트의 모양과 관련된 블록들이 있습니다. 말하는 블록과 모양과 크기를 바꾸고 색깔, 밝기, 투명도 등 여러 그래픽 효과를 줄 수 있습니다. (모양과 그래픽 효과는 형태!)

▶ **소리** : 말그대로 소리와 관련된 블록들입니다.

▶ **이벤트** : 시작하는 블록과 신호를 보내고 받는 블록들이 있습니다. (시작과 신호는 이벤트!)

▶ **제어** : 블록들을 반복시키는 블록, 조건(만약~라면) 블록, 복제와 관련된 블록 등 아주 중요한 블록들이 많이 있습니다. (반복, 조건, 복제는 제어!!)

▶ **감지** : 어떤 것에 닿았는지, 어떤 키가 눌려졌는지 등을 체크하는 블록들과 타이머, 대답 등의 블록들이 있습니다. (~는가?는 감지!!)

▶ **연산** : 더하기, 빼기, 나누기, 곱하기 등 계산과 관련된 블록들과 무작위 난수, 부등호 (값비교), 논리연산자(그리고, 또는) 등 계산과 관련된 블록들이 있는 상당히 중요한 메뉴입니다.

▶ **변수** : 값을 저장하는 변수와 여러 값을 저장하는 리스트와 관련된 블록들이 있는 곳입니다. 복잡한 작품일수록 이곳을 많이 찾게 될 겁니다.

▶ **나만의 블록** : 여러 블록을 하나의 블록으로 만들 수 있는 기능입니다. 이를 함수라고 하며 코딩 고수일수록 이 나만의 블록을 잘 활용한답니다.

▶ 맨 하단의 확장기능 버튼에는 음악, 펜, 비디오 감지, 번역 등 여러 확장기능을 사용할 수 있는 블록들이 있답니다. 재미있는 기능들이 많으니 꼭 한 번씩 사용해 보시기 바랍니다.

배경과 스프라이트

이제 화면 우측의 실행화면과 스프라이트 영역을 살펴보겠습니다.

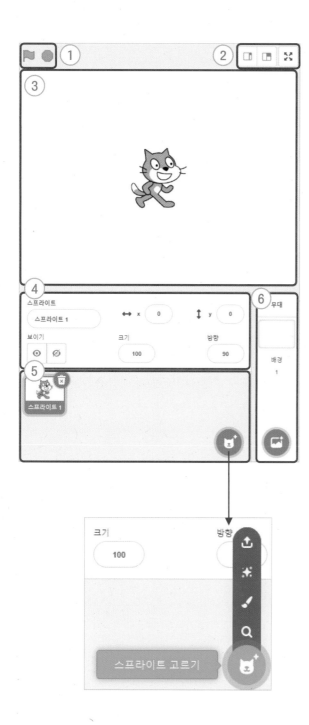

① 녹색 깃발 버튼을 클릭해 실행하고, 그 옆의 정지 버튼을 눌러 정지합니다.

② 화면의 크기를 선택합니다. 좌측 버튼은 조그맣게, 가운데는 기본크기, 우측 버튼은 큰 화면으로 보여집니다.

③ 블록들이 실행되는 화면입니다.

④ 스프라이트의 속성을 관리하는 영역입니다. 상단에서 선택된 스프라이트 이름을 변경할 수 있고 x좌표와 y좌표를 설정할 수 있습니다. 보이기 버튼으로 스프라이트를 보이거나 숨길 수 있고 크기와 방향을 설정할 수 있습니다.

⑤ 스프라이트들이 모여있는 영역으로 스프라이트를 추가하거나 삭제할 수 있습니다. 하단의 버튼을 클릭하여 제공되는 스프라이트를 선택하거나 직접 그릴 수 있습니다. 그리고, 다른 이미지를 업로드 할 수도 있습니다.

⑥ 무대의 배경 스프라이트를 추가하고 관리합니다. 스프라이트와 같은 방법으로 선택하거나 다른 배경이미지를 업로드 할 수 있습니다.

블록 조립 작업공간

화면 가운데 가장 중요한 작업공간의 기능을 살펴봅니다.

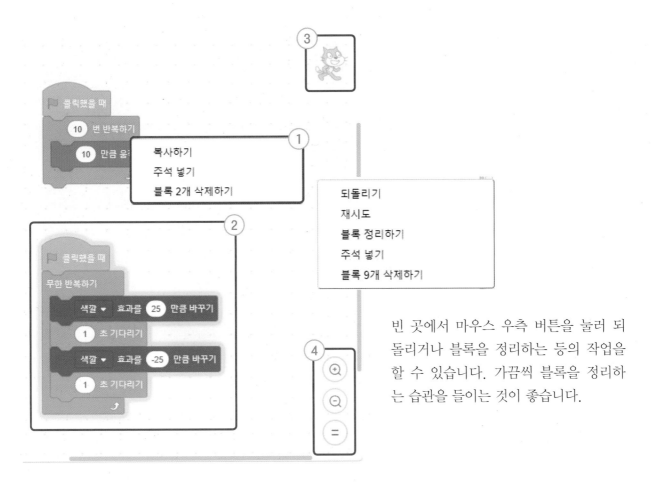

빈 곳에서 마우스 우측 버튼을 눌러 되돌리거나 블록을 정리하는 등의 작업을 할 수 있습니다. 가끔씩 블록을 정리하는 습관을 들이는 것이 좋습니다.

블록들을 작업공간으로 가져가 조립합니다. 녹색 깃발을 클릭하여 실행할 수도 있지만 각 블록묶음의 시작 블록을 클릭하여 실행할 수도 있습니다.

① 블록에 마우스를 가져다 놓고 우측 버튼을 눌러 복사, 주석, 삭제 할 수 있습니다. 블록을 좌측 블록 메뉴쪽으로 가져다 놓아도 삭제됩니다.

② 현재 동작 중인 블록은 블록테두리가 밝은 노란색으로 표시되어 활성화된 상태를 확인할 수 있습니다.

③ 우측 상단에 현재 선택된 스프라이트의 모양을 연하게 표시해 줍니다.

④ 우측 하단의 돋보기 버튼으로 블록의 크기를 크게하거나 작게 조절할 수 있습니다.

기본기 갖추기

화면의 구성과 기능들을 살펴봤으니, 이제 블록들을 어떻게 조립해서 사용하는 지 기본기를 갖춰 볼까요? 스크래치를 처음 접하는 분들은 작품으로 들어가기 전에 꼭 한번씩 살펴보고 따라해 볼 것을 권장합니다.

스프라이트 추가하기

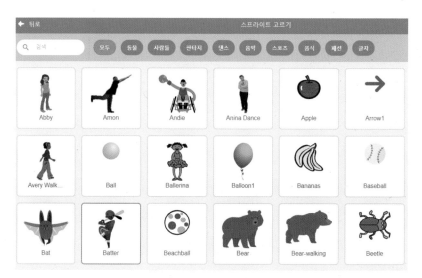

스프라이트 영역의 고양이 모양 버튼을 눌러 '스프라이트 고르기'를 선택하면 스크래치에서 제공하는 다양한 스프라이트를 선택할 수 있습니다. 상단에서 검색하거나 카테고리를 선택할 수 있습니다. 각 스프라이트에 마우스를 올렸을 때 움직이는 스프라이트는 여러 모양을 가지고 있는 스프라이트랍니다. 해당 스프라이트를 클릭하면 바로 추가됩니다.

스프라이트의 속성

선택된 스프라이트의 속성을 확인하고 변경할 수 있습니다. 위치(x, y좌표)와 보이고 숨기기, 크기와 방향을 확인하고 변경할 수 있는데 스프라이트의 이름 이외의 속성들은 모두 블록으로도 설정할 수 있답니다.

시작과 신호

시작 블록의 종류는 크게 다음과 같이 '녹색 깃발 클릭했을 때'와 '특정 키를 눌렀을 때' 그리고 '~신호를 받았을 때'입니다. 주어진 블록을 실행하면 어떻게 될까요? 처음 배경이 'Blue Sky' 모양이였다가 '스페이스' 키를 누르면 '게임시작' 신호를 보내게 되고 그 신호를 받아 배경이 'Baseball1' 모양으로 바뀌게 됩니다. 이런 형태로 여러 신호를 만들어 장면을 변경하고 신호에 따른 기능을 구분하여 동작되도록 할 수 있답니다.

스프라이트 조종하기

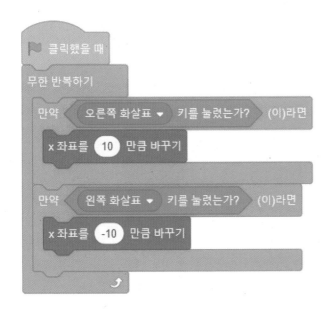

대부분의 게임에서는 주인공 캐릭터를 조종하게 됩니다. 키보드나 마우스로 조종하는 기능은 필수적입니다. 키보드로 스프라이트를 각 방향으로 조종하기 위해 다음과 같은 형태로 블록을 조립합니다. 반복 안에서 '만약~라면' 블록을 넣는 형태로 언제 키가 눌릴지 모르기 때문에 계속 반복해야 한답니다. x좌표는 좌우로, 오른쪽은 + 주고, 왼쪽은 − 값을 주어야 합니다. y좌표는 위아래로, 위쪽은 +, 아래쪽은 − 값을 줍니다.

복제

총알을 발사하거나 적들을 반복해서 나타나게 하기 위해서는 스프라이트를 복제하여 사용해야 합니다. 주어진 블록을 잘 살펴보고 스프라이트를 추가하여 실행해 보세요. 처음 실행하면 스프라이트가 보이지 않게 숨겼다가 '스페이스' 키를 누르면 자신을 복제하게 합니다. 이 '복제하기' 블록과 '복제되었을 때'는 셋트라고 생각하세요. 복제가 되면 '복제되었을 때' 블록이 실행되고 복제본이 보여진 후 오른쪽으로 10씩 20번 반복하여 200만큼 이동하게 됩니다. 마지막에 이 복제본을 삭제하게 되는데 복제본을 많이 생성하고 삭제를 하지 않으면 작품이 멈출수도 있으니 꼭 복제본은 삭제해야 한다는 점 기억해 두세요.

감지와 조건

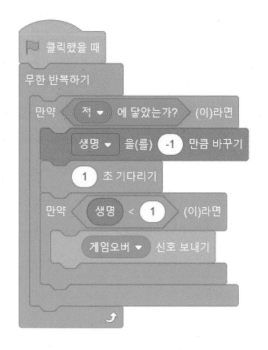

주인공이 '적'에게 부딪혔을 때 '생명'을 줄이고 '생명'이 0이 되면 게임을 종료하는 기능을 만들려면 어떻게 하면 될까요? 주어진 블록을 잘 살펴보세요. 먼저, 언제 적에게 닿을지 모르기 때문에 반복 블록 안에서 작성해야 합니다. 그리고 '적'에게 닿았는가 감시 블록을 '만약~라면' 조건블록에 넣어 체크합니다. 그 조건이 만족하면 '생명'이라는 변수를 1만큼 줄여야 하는데 값을 줄이는 블록은 없기 때문에 '−1 만큼 바꾸기' 블록을 사용합니다. 그리고, 이 '생명' 변수가 1보다 작으면 비교 블록을 이용하여 '게임오버' 신호를 보냅니다. 이해가 잘 안 된다면 스프라이트를 추가하여 실행해 보고 값도 변경해 보세요.

변수 사용하기

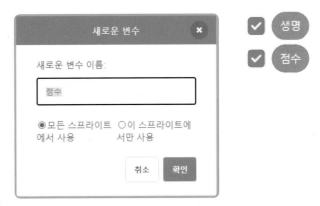

점수, 생명 등의 변수는 '변수' 메뉴에서 만들어 사용할 수 있습니다. '변수 만들기' 버튼을 눌러 변수 이름을 적으면 되는데 기본으로 '모든 스프라이트에서 사용'이 체크되어 있습니다 말그대로 모든 스프라이트에서 이 변수를 사용한다는 뜻이고 옆에 '이 스프라이트에서만 사용'을 선택하면 해당 변수는 선택된 스프라이트에서만 보이고 다른 스프라이트에선 사용할 수 없습니다.
변수 이름 앞의 체크박스를 체크하면 실행화면에서 해당 변수와 값이 보입니다.

난수 사용하기

'연산' 메뉴에 있는 이 난수(무작위수) 블록은 게임에서 꼭 필요한 기능입니다. 적이 오른쪽 화면에서 나타나 왼쪽으로 이동한다고 생각해 볼까요? 오른쪽 끝의 x좌표는 240이니 고정된 값으로 하면 되는데 y좌표도 고정한다면 적이 같은 위치에서만 나타나 시시하겠죠? 이럴 때 난수 블록을 사용하면 위아래(y좌표) 무작위 위치에서 적들이 나타나게 됩니다.

복제본마다 번호 설정하기

복제본마다 번호를 부여하여 복제본을 좀 더 세부적으로 제어할 수 있습니다. 이 '복제본번호'라는 변수를 생성 시에는 반드시 '이 스프라이트에서만 사용'을 선택하여 생성해야 합니다. 이 후 복제본을 만들 때마다 이 변수를 증가시키면 복제본마다 번호를 갖게 되고 이 번호를 이용해서 특정 번호를 가진 복제본만 삭제하거나 특별한 기능을 줄 수 있게 됩니다.

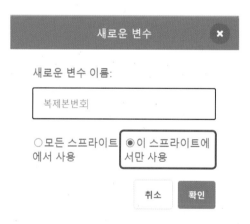

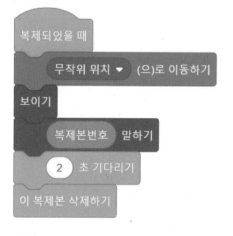

대전 하키 게임

| 난이도 | ★★☆☆☆

주요 학습 포인트 #그래픽 효과 #방향 #신호 #난수 #좌표 #변수

마우스로 스틱을 조종하여 공(퍽)을 튕겨 상대방 골대에 넣는 에어하키 게임입니다.
자동으로 움직이는 컴퓨터(AI) 플레이어를 만들어서 멋진 대전을 펼쳐보세요.

작품 설명

다들 오락실에서 테이블 에어하키 게임을 본 적이 있나요? 스틱으로 납작한 하키공(퍽)을 밀어 상대방 골대에 넣는 재미있는 게임이지요. 모바일 게임도 찾아볼 수 있답니다. 마우스로 스틱을 조종하여 공을 튕겨내도록 하고 상대방은 자동으로 움직이게 하는 1인용 에어하키 게임을 만듭니다. 완성 후 2인용 게임으로도 만들어 보세요.

미션용 파일(온라인) : https://scratch.mit.edu/projects/447197418/

▶ 브라우저에 다음 주소를 입력하여 접속 후 우측 상단의 '스크립트 보기' 버튼을 눌러주세요.
▶ 또는 아래 미션용 실습 파일을 다운받아 사용해 주세요. (p.7 참조)

| 미션용 파일 | 01.대전하키게임_미션용.sb3 |
| 완성용 파일 | 01.대전하키게임_완성본.sb3 |

 스크래치게임챌린지_1_대전하키게임_미션용   ↺ 스크립트 보기

사용 방법

인트로 화면에서 'START' 버튼을 클릭해 시작합니다.

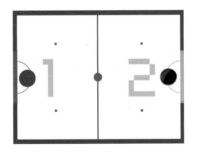

왼쪽이 사용자이고, 오른쪽이 컴퓨터입니다. 3초 후에 공이 움직이고 스틱으로 맞춰 상대방 골대에 넣어 득점합니다.

먼저 5골을 넣는 쪽이 승리합니다. 결과를 보여주고 다시 시작할 수 있습니다.

 스크래치를 처음 접해본 학생의 경우 미션 수행 전 블록들을 자유롭게 사용해보고 익히는 시간을 가져보세요. 바로 완성된 작품을 열어보고 싶겠지만 미션을 모두 수행한 후 완성본과 비교해 볼 것을 권장합니다.

생각 열기

여러분은 유도탄을 아시나요? 적비행기나 특정한 목표물에 자동으로 날아가서 공격하는 무기랍니다. 어떻게 그렇게 할 수 있을까요? 현실에서는 많이 복잡하겠지만 스크래치에서는 몇 가지 규칙만 알면 구현할 수 있답니다.

먼저, 방향을 알아야 합니다. 스프라이트의 방향은 위쪽이 0도입니다. 위쪽 방향을 기준으로 오른쪽 시계방향으로 회전하면 각도가 증가합니다. 그래서 오른쪽이 90도, 아래쪽이 180도, 왼쪽이 270도가 됩니다. 만약 왼쪽으로 회전한다면 −(마이너스) 값을 주면 됩니다. 그래서 −90도는 270도와 동일합니다.

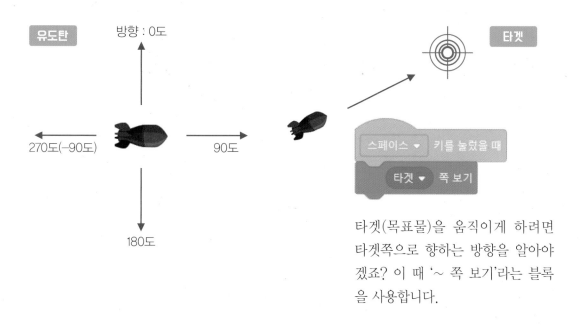

타겟(목표물)을 움직이게 하려면 타겟쪽으로 향하는 방향을 알아야겠죠? 이 때 '~ 쪽 보기'라는 블록을 사용합니다.

'(타겟) 쪽 보기' 블록이 실행되면 유도탄의 방향이 타겟 쪽으로 향하게 됩니다. 이제 발사만 하면 되겠죠? '~만큼 움직이기' 블록은 해당 방향으로 움직이게 하는 블록입니다. 그런데 타겟이 가만히 있지 않고 움직인다면 어떻게 해야 할까요?

'타겟'에 닿을 때까지 계속 '타겟' 쪽을 보면서 움직이게 하면 된답니다. 예제 블록을 참조해서 직접 유도탄을 만들어 보세요.

학습 포인트 감지 메뉴

감지(Sensing) 메뉴에는 다양한 이벤트와 정보들을 감지할 때 상당히 유용하게 쓰이는 중요한 블록들이 많이 있습니다. 우선 가장 많이 사용하게 될 블록들을 살펴볼까요?

● 감지

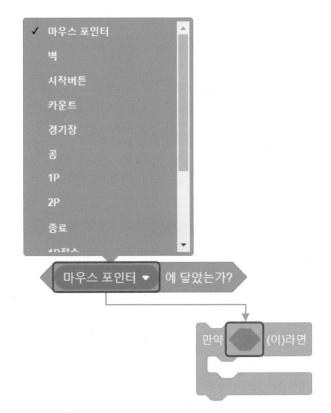

마우스 포인터 ▼ 에 닿았는가?

다른 스프라이트에 닿았는지 체크해 주는 판단 블록입니다. 스프라이트 이름을 클릭하면 자신을 제외한 나머지 스프라이트들과 마우스, 벽 등을 선택할 수 있는 리스트가 보입니다. 감지 메뉴에서 가장 많이 사용하게 될 블록입니다. 판단 블록은 단독으로 사용할 수 없고 '만약 ~라면' 등 조건 블록에 넣어서 사용해야 합니다.

스페이스 ▼ 키를 눌렀는가?

키보드의 특정 키를 눌러 이벤트를 발생시킬 때 '~키를 눌렀는가?' 블록을 사용합니다. 키 이름을 클릭하면 선택할 수 있는 키보드 이름이 리스트로 보입니다. 화살표 키와 알파벳 키, 숫자 키를 선택할 수 있습니다. 그리고 '아무'를 선택할 수 있는데 말 그대로 아무 키나 눌렀을 때를 의미합니다.

마우스를 클릭했는가?

마우스를 클릭했는지 여부를 체크해 줍니다. 이 때, 마우스 포인터가 무대 영역에 위치한 상태에서 클릭해야만 동작합니다.

주요 신호와 변수

이번 작품에서 사용될 주요 신호와 변수를 살펴볼까요?

주요 신호

GAMESTART ▾ 신호 보내기

RESTART ▾ 신호 보내기

ENDGAME ▾ 신호 보내기

▶ **GAMESTART :** 게임을 시작할 때 보내는 신호입니다. 신호를 받으면 게임 화면으로 바꾸고 각 스프라이트에서 게임을 하기 위한 준비를 하게 됩니다.

▶ **RESTART :** 공이 골대에 들어간 후 다시 경기를 시작할 때 보내는 신호입니다. 신호를 받으면 게임 동작을 멈췄다가 다시 'GAMESTART' 신호를 보내게 합니다.

▶ **ENDGAME :** 게임이 종료할 때 보내는 신호입니다. 종료 신호를 받으면 배경이 바뀌고, 점수 결과를 화면에 보여주게 합니다.

변수

변수는 단 2개입니다. '1p점수'는 경기장 왼쪽 영역의 플레이어의 점수 즉, 여러분들의 점수이고, '2p점수'는 경기장 오른쪽 영역의 컴퓨터 플레이어의 점수입니다.

변수의 값을 증가시키거나 감소시킬 때는 '변수' 메뉴의 '~을 ~만큼 바꾸기' 블록을 사용합니다. 증가시킬 때는 +값을 주고, 감소시킬 때는 -값을 주면 됩니다.

따라하기 변수 초기화

이제 본격적으로 작품을 만들어 볼까요? 먼저 무대의 '배경'을 선택하여
다음과 같이 변수를 초기화하고 배경음악을 설정해 보세요.

◎ 배경

HINT

스크래치는 '스프라이트'와 '무대'로 나뉘어
있습니다. 무대의 '배경'은 하나이지만 모양
을 여러 개 추가할 수 있습니다. 여러 스프
라이트에서 공통적으로 사용되는 변수와 리
스트 및 배경음악 등은 이 '배경'에서 블록
을 조립하는 것이 좋습니다.

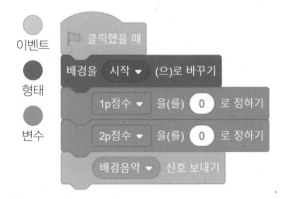

배경의 모양은 '시작', '게임', '종료' 3가지
가 있습니다. '시작' 모양으로 바꾸고 1p
와 2p의 점수를 0으로 설정합니다.

'배경음악' 신호를 받으면 배경음악을 재
생하는데 '끝까지 재생하기' 블록을 사용
합니다. 이 블록은 소리를 모두 재생한
후 다음 블록을 실행하게 합니다.

미션 인트로 화면 무라 등장

이제 첫 번째 미션을 수행할 차례입니다. 지문을 따라 블록을 조립하는 텍스트 미션입니다. 힌트 블록을 참조하면서 천천히 조립해 보세요. '무라' 스프라이트를 선택하여 무라가 오른쪽에서 등장해서 왼쪽으로 지나가도록 합니다.

◑ 무라

🏴 클릭했을 때

크기를 70%로 정하고
x : 300, y : -100으로 이동한 후
보이게 한다
x좌표를 -10만큼 바꾸고
다음 모양으로 바꾸고
0.1초 기다리는 것을
60번 반복한다
반복이 끝난 후 모양을 숨긴다

크기를 (70) %로 정하기

x: (300) y: (-100) (으)로 이동하기

x 좌표를 (-10) 만큼 바꾸기

다음 모양으로 바꾸기

(0.1) 초 기다리기

(60) 번 반복하기

HINT

지문을 보고 해당되는 블록을 찾아 조립해 보세요. '60번 반복하기' 블록 안에 3개의 블록이 들어가야 한다는 것에 주의하세요. 지문을 천천히 읽고 정확히 조립하는 것이 중요합니다.

보이기   숨기기

미션 확인

첫 번째 미션을 잘 수행했나요? 무라가 오른쪽에서 나와 뒤뚱거리며 왼쪽으로 사라지나요?

○ 무라

먼저 무라의 위치를 오른쪽 끝(240)보다 넉넉하게 300으로 크게 잡아서 안 보이는 위치까지 보낸 후 왼쪽으로 이동시킵니다. x좌표를 −10씩 60번 반복해서 움직이기 때문에 총 −600만큼 움직이겠죠? 즉, x좌표가 300부터 −300까지 바뀌게 됩니다. 한 번에 움직이지 않고 60번 반복하는 이유는 0.1초마다 다음 모양으로 바꾸면서 걸어가는 효과를 주기 위해서입니다.

TIP 스프라이트를 화면에 보이게 하고 움직이게 하려면 좌표를 잘 이해하고 다룰 줄 알아야 합니다. x좌표는 왼쪽, 오른쪽 가로 방향을 의미하고, y좌표는 위, 아래 세로 방향을 의미합니다. 화면 정중앙의 좌표는 x : 0, y : 0입니다. 스크래치에서 x좌표의 범위는 왼쪽 끝 −240부터 오른쪽 끝 240이고, y좌표의 범위는 아래쪽 끝 −180부터 위쪽 끝 180입니다. 게임을 시작하여 '무라'가 움직일 때 아래 x, y좌표가 변하는 것을 볼 수 있는데 y값은 그대로고 x만 값이 줄어들죠? 왼쪽으로만 움직이기 때문에 x값이 점점 줄어드는 것을 확인할 수 있습니다.

미션 [시작 버튼 효과]

'시작 버튼' 스프라이트를 선택하여 무라가 지나간 후에 나타나서 그래픽 효과를 줍니다. 그리고, 스프라이트를 클릭하면 신호를 보내 게임을 시작하도록 해 보세요.

◎ 시작 버튼

▶ 클릭했을 때

숨겼다가 10초 후에
x : 0, y : −120로 이동한다
크기를 35%로 정한 후 보이게 한다
아래를 반복한다
만약 '마우스포인터'에 닿았다면 (색깔) 효과를
50으로 정하고 아니면 (색깔) 효과를 25만큼
바꾸고 0.1초 기다린다

이 스프라이트를 클릭했을 때

'GAMESTART' 신호를 보내고 숨긴다

 HINT

'마우스포인터'에 닿았다면 조건에서 '만약 ~ 아니면' 블록을 사용하세요.
'~ 에 닿았는가' 블록은 '감지' 메뉴에 있습니다.

 TIP 신호를 보내는 이유는 다른 스프라이트가 해당 신호를 받도록 하기 위해서입니다.
게임을 시작하는 신호를 받아서 여러 스프라이트가 게임을 위한 블록을 실행하게 됩니다.

미션 확인 　시작 버튼 효과

무라가 지나간 후에 '시작 버튼'이 나타나서 색깔이 계속 바뀌나요? 버튼을 클릭 했을 때 배경이 바뀌는지 확인해 보세요.

◑ 시작 버튼

```
🏳 클릭했을 때
숨기기
10 초 기다리기
x: 0 y: -120 (으)로 이동하기
크기를 35 %로 정하기
보이기
무한 반복하기
    만약 마우스 포인터 ▾ 에 닿았는가? (이)라면
        색깔 ▾ 효과를 50 (으)로 정하기
    아니면
        색깔 ▾ 효과를 25 만큼 바꾸기
        0.1 초 기다리기
```

버튼은 무라가 지나가는 10초 동안 숨겼 다가 무라가 지나간 후에 보여지도록 합 니다. 색깔이 계속 변하다가 버튼에 마우 스를 올리면 색깔 효과가 멈추게 합니다.

TIP '만약 ~ 아니면' 블록은 유용하게 많이 사용되는 블록입니다. 예를 들어, 퀴즈 게임에서 선택한 답이 맞으 면 '정답' 그렇지 않으면 '오답' 이런 식으로 보여줘야겠죠? 이렇게 2가지 경우만 있을 때 사용하는 블록이 랍니다.

TIP '색깔' 효과는 스프라이트의 원래 색상 0에서 −100부터 100까지 줄 수 있습니다. 범위보다 더 높거나 낮게 줄 수도 있는데 그 경우 반대의 값으로 적용됩니다. 예를 들어 110은 −90, −70는 130과 같습니다.

미션 공 움직이기

★★☆

시작 버튼을 눌렀을 때 배경이 게임 화면으로 바뀌었나요? 이제 본격적으로 게임을 만들어 보겠습니다. '공' 스프라이트를 선택하여 화면 가운데에서 무작위 방향으로 움직여 벽에 닿으면 튕기도록 해 보세요. 화면 정중앙 좌표는 x : 0, y : 0입니다.

○ 공

'GAMESTART' 신호를 받았을 때

x : 0, y : 0으로 이동한 후에 보이게 한다

4초 후에 (−180~180 사이 난수) 방향을 본다

'골대1P' 또는 '골대2P'에 닿았을 때까지

15만큼 움직이고

벽에 닿으면 튕기기를 반복한다

0.1초 후에 숨긴다

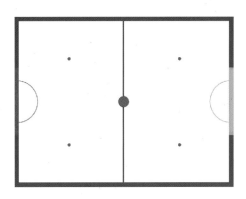

 HINT

오른쪽 힌트 블록들을 지문과 비교하여 천천히 조립해 보세요. 지문을 끝까지 읽고 조립하는 습관을 들이는 게 좋아요. 골대에 닿을 때까지 공이 계속 움직이도록 해야 합니다.

90 도 방향 보기

골대1P ▼ 에 닿았는가?

또는

미션 확인 공 움직이기

경기장이 보여지고 **4**초 후에 공이 움직이기 시작하나요? 벽에 닿으면 튕기고 양쪽 골대에 닿으면 사라지는지 확인해 보세요.

○ 공

x : 0, y : 0은 화면 정중앙의 좌표입니다. 공의 방향은 0도가 위쪽이고 180도가 아래쪽입니다. 0도부터 −180도까지는 왼쪽 방향이고, 0도부터 180도까지는 오른쪽 방향입니다. 0~360도로 설정해도 동일한 효과를 줍니다. 양쪽 골대 중 하나에 닿으면 숨겨야하므로 '또는' 블록을 사용합니다. 15만큼 움직이다가 벽에 닿으면 튕기게 하는데 이 값은 공의 속도가 됩니다. 반복이 끝난 후 0.1초를 기다렸다가 숨기는 이유는 골대에서 골 처리를 할 수 있게 하기 위해서입니다. 양쪽 골대 스프라이트에서도 공에 닿았을 때 처리를 하는데 공이 바로 사라지면 골대가 골 처리를 하지 못하는 상황이 발생할 수 있습니다.

 TIP '또는' 연산자는 2개의 조건 중 하나만 만족하면 참인 것으로 판단합니다. '골대1p'나 '골대2p' 둘 중에 하나만 닿으면 참이 됩니다.

미션 〔 1P 조종하기 〕

'1P' 스프라이트를 선택합니다. 여러분이 마우스로 조종할 플레이어의 스틱이랍니다. 이번 미션은 지문을 보고 그대로 블록을 따라 하는 텍스트 미션이 아닌 어떤 블록을 사용해야 할지 조금 생각해야 하는 미션이랍니다. 지문을 잘 읽고 힌트 블록을 참조하면 그렇게 어렵지 않으니 천천히 조립해 보세요.

◉ 1P

GAMESTART ▾ 신호를 받았을 때

크기를 50 %로 정하기

x: -195 y: 0 (으)로 이동하기

보이기

4 초 기다리기

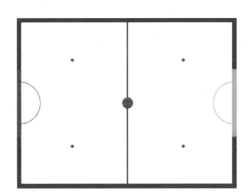

무한 반복 블록 안에서 작성한다
마우스를 따라 다녀야 하고 '공' 쪽을 봐야 한다
화면 중앙선 오른쪽으로 넘어가지 못하도록 한다
중앙선의 기준은 x좌표 −30이다

🤖 HINT

특정 좌표 범위를 넘어가지 못하도록 하려면 '좌표를 ~ 정하기' 블록을 사용하면 됩니다. 이 때 조건식에 들어갈 부등호를 잘 선택해야 합니다. 숫자값이 부등호 오른쪽에 있을 때 좌표값이 증가한다면 크면(>)을, 감소한다면 작다면(<)을 사용하세요.

미션 확인 1P 조종하기

'1P' 스프라이트가 4초 후에 보여지고 마우스를 따라 움직이는지와 중앙선을 넘어가지 않는지 확인해 보세요.

◑ 1P

공과 같이 4초 후에 움직이도록 합니다. '마우스 포인터'로 이동하고 '공' 쪽을 보는 것을 반복하면 스프라이트가 마우스를 따라다니면서 방향은 '공' 쪽으로 향하게 됩니다. 중앙선은 x좌표가 0 이지만 스프라이트의 중심점이 x좌표이므로 −30을 넘어가지 못하게 하면 딱 중앙선에서 멈추게 됩니다. 오른쪽으로 갈수록 x좌표가 증가하기 때문에 부등호는 크면(>)을 사용하고 '정하기' 블록으로 좌표를 고정하는 효과를 줍니다.

스프라이트가 '공' 쪽을 보게 되면 공이 움직일 때마다 방향이 변하게 됩니다. 위쪽이 0도이고 시계방향으로 각도가 증가합니다.

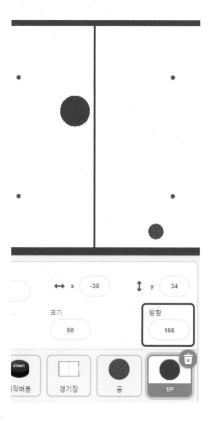

미션 · 2P AI 스틱 조종하기

○ 2P

이제 '2P' 스프라이트를 선택합니다. 함께 겨뤄볼 상대방 2P는 자동으로 움직이는 인공지능 스틱입니다. '공'을 따라 계속 움직이도록 하는데 화면 중앙선을 넘어오면 안 되겠죠? 이번 미션은 주어진 블록의 빈칸에 지문을 보고 채워넣는 빈칸 미션입니다.

'공' 쪽을 보고 10만큼 움직인다
만약 '공'의 x좌표가 10보다 작다면
0.3초 동안 x : 120~170 사이의 난수
y : −80~80 사이의 난수로 이동한다

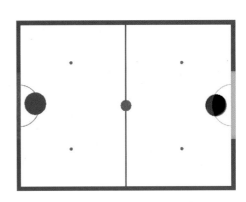

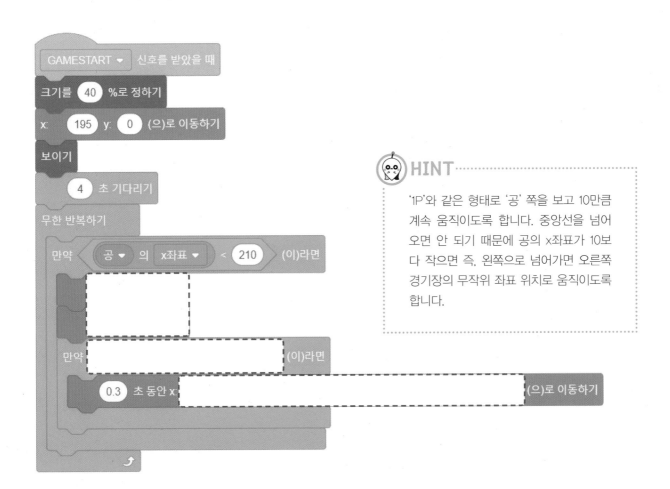

HINT

'1P'와 같은 형태로 '공' 쪽을 보고 10만큼 계속 움직이도록 합니다. 중앙선을 넘어 오면 안 되기 때문에 공의 x좌표가 10보 다 작으면 즉, 왼쪽으로 넘어가면 오른쪽 경기장의 무작위 좌표 위치로 움직이도록 합니다.

미션 확인 　2P AI 스틱 조종하기

인공지능 플레이어 **2P**가 공을 따라 다니면서 잘 움직이나요? 왼쪽 경기장으로 넘어
오지 않는지도 확인해 주세요.

◑ 2P

```
GAMESTART ▼ 신호를 받았을 때

크기를 40 %로 정하기

x: 195 y: 0 (으)로 이동하기

보이기

4 초 기다리기

무한 반복하기
    만약  공 ▼ 의 x좌표 ▼ < 210 (이)라면
        공 ▼ 쪽 보기
        10 만큼 움직이기
    만약  공 ▼ 의 x좌표 ▼ < 10 (이)라면
        0.3 초 동안 x: 120 부터 170 사이의 난수 y: -80 부터 80 사이의 난수 (으)로 이동하기
```

'2P' 스프라이트가 '공'을 따라다니며 10만큼 계속 움직이게 합니다. 이 10이라는 값이 2P의 속
도가 됩니다. 속도를 느리게 하면 둔해지니까 쉽게 이길 수 있겠죠? 그런데, 공의 속도(15)와 같
거나 그보다 더 큰 값을 주면 어떻게 될까요? 공에 붙어서 다니게 되어 자연스럽지 못한 움직임
을 보인답니다. 왼쪽으로 넘어왔을 때 좌표 값의 범위는 방어하는 위치입니다. x좌표는 약간 오
른쪽에 위치하고, y좌표는 골대의 범위에서 움직이게 합니다.

미션 공 방향 바꾸기

다시 '공' 스프라이트를 선택합니다. 공이 **1P**나 **2P**의 스틱에 닿았을 때 공의 방향이
그 스틱의 방향으로 바뀌어 튕겨 나가는 효과를 줄 겁니다. 어렵진 않지만 이 게임의
핵심적인 기능이니 원리를 한 번씩 생각해 보면서 조립해 보세요.

◐ 공

'GAMESTART' 신호를 받았을 때

무한 반복 안에서 아래를 모두 조립한다
만약 '1P'에 닿았다면
'1P'의 '방향'도 방향 보기
'(10)나무블록' 번 타악기를 0.25 박자로 연주하기
만약 '2P'에 닿았다면
'2P'의 '방향'도 방향 보기
'(10)나무블록' 번 타악기를 0.25 박자로 연주하기

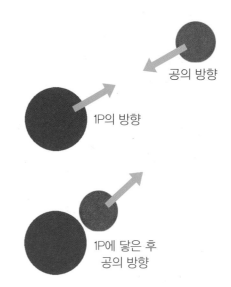

공의 방향

1P의 방향

1P에 닿은 후
공의 방향

HINT

1P와 2P는 모두 공을 계속
바라보고 있기 때문에 가만
히 있을 때 공에 닿으면 공이
오는 방향과 반대 방향 즉,
플레이어의 방향으로 바뀌게
됩니다.

1P ▾ 의 방향 ▾

(10) 나무 블록 ▾ 번 타악기를 0.25 박자로 연주하기

음악

TIP 소리 효과는 기본 블록이 아니라 확장 블록에 있는 '음악' 블록입니다.
확장 블록은 블록 메뉴 하단의 버튼을 눌러 추가할 수 있습니다. '음악' 외에도 펜, 비디오
감지, 음성변환 등 다양한 확장 블록들이 있으니 한 번씩 사용해 보세요.

미션 확인 공 방향 바꾸기

공이 튕겨져 나가나요? 1P가 가만히 있을 때와 마우스를 움직여 공을 칠 때의 공의 방향을 비교해 보세요. 공이 2P에 닿았을 때도 잘 튕겨 나가는지 확인해 보세요.

○ 공

공의 방향

마우스로 움직일 때
1P의 방향

1P에 닿은 후 공의 방향

앞서 미션에서 설명한 대로 공이 스틱에 닿으면 그 반대 방향으로 튕겨나갑니다. 하지만 사용자가 마우스를 움직일 경우, 1P의 방향은 사용자가 마우스를 움직이는 쪽을 향하기 때문에 1P에 공이 닿았을 때 공의 방향도 그 쪽으로 바뀌게 됩니다. 즉, 플레이어가 가만히 있을 때 공에 닿으면 공은 반대쪽 방향으로 튕겨나가고 마우스를 움직여 공을 치면 마우스 방향으로 공이 나가게 됩니다.

미션 골인!

이제 '공' 스프라이트가 골대에 들어갔을 때 골인으로 처리할 겁니다. 공이 '골대1P'에 닿으면 2P가 점수를 얻고, '골대2P'에 닿으면 여러분 즉, 1P가 점수를 얻게 되겠죠? 이번 미션은 지문을 보고 주어진 블록에 오류가 있는 부분을 찾아서 올바르게 바꾸는 디버깅 미션이랍니다.

❗ 수정이 필요한 부분은 4군데입니다.

공이 '골대1P'에 닿으면 '2p점수'를 1 더하고
'골대2P'에 닿으면 '1p점수'에 1 더한다
두 골대 모두 색깔 효과를 25만큼 줬다가 0.1초 후에 원래대로 되돌린다

미션 확인 골인!

공이 골대에 닿았을 때 골대의 색상이 살짝 깜박이며 골인 효과를 나타내는지 확인해 보세요. 점수를 확인해 보려면 '변수' 메뉴에서 해당 점수 변수들을 활성화하여 확인할 수 있답니다.

○ 골대1P ○ 골대2P

골대1P

```
GAMESTART ▼ 신호를 받았을 때
무한 반복하기
  만약  공 ▼ 에 닿았는가?  (이)라면
    2p점수 ▼ 을(를) 1 만큼 바꾸기
    색깔 ▼ 효과를 25 만큼 바꾸기
    0.1 초 기다리기
    색깔 ▼ 효과를 -25 만큼 바꾸기
    Crowd Laugh2 ▼ 재생하기
    1 초 기다리기
    RESTART ▼ 신호 보내기
```

골대2P

```
GAMESTART ▼ 신호를 받았을 때
무한 반복하기
  만약  공 ▼ 에 닿았는가?  (이)라면
    1p점수 ▼ 을(를) 1 만큼 바꾸기
    색깔 ▼ 효과를 25 만큼 바꾸기
    0.1 초 기다리기
    색깔 ▼ 효과를 -25 만큼 바꾸기
    Cheer2 ▼ 재생하기
    1 초 기다리기
    RESTART ▼ 신호 보내기
```

공이 '골대1P'에 닿으면 2p에게 점수를 주고 '골대2P'에 닿으면 1p에게 점수를 주어야겠죠? 색깔 효과를 25만큼 줬다가 다시 되돌리려면 마이너스 값을 주면 됩니다. 블록은 '~바꾸기' 블록을 사용합니다.

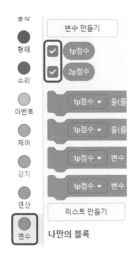

'변수' 메뉴에서 점수 변수들을 체크하고 활성화하여 점수를 확인해 보세요.

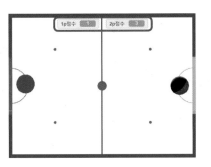

미션 손가락 카운트 표시하기

손가락 모양의 '카운트' 스프라이트를 선택하세요. 게임이 시작되기 전 손가락으로 카운트다운 3, 2, 1을 순서대로 세는 효과를 줄 겁니다.

◎ 카운트

'GAMESTART' 신호를 받았을 때

크기를 70%로 정하고
맨 앞쪽으로 순서를 바꾸고
화면 정중앙으로 이동한 후에 보이게 한다
모양을 3에서 1까지
순서대로 1초마다 바꾸게 한 후에 숨긴다

모양 3

모양 2

HINT

화면 정중앙 좌표는 x : 0, y : 0 입니다.

모양 1

 TIP

'형태' 메뉴에는 스프라이트의 순서를 바꾸는 블록들이 있습니다. 맨 '앞쪽'으로 순서를 바꾸면 다른 스프라이트 이미지 위에 표시되게 됩니다. 그림을 가장 나중에 그린다고 생각하면 됩니다. 이 스프라이트를 맨 '뒤쪽'으로 순서를 바꾸면 경기장에 가려져서 보이지 않게 되겠죠?

맨 앞쪽 ▾ 으로 순서 바꾸기

미션 확인   손가락 카운트 표시하기

게임이 시작되기 전 카운트다운이 잘 표시되어 보여지나요? 블록은 간단하지만 자칫 실수할 수 있는 부분들이 있으니 아래 블록과 비교해 보세요.

⊙ 카운트

위 두가지 블록은 동일하게 동작합니다. 차이점을 알겠나요? 첫 번째 방법은 모양을 순서대로 나열한 형태이고, 두 번째 방법은 모양 3부터 '다음 모양으로 바꾸기' 블록으로 반복했습니다. 카운트다운이 3이므로 이 경우 블록 개수가 거의 비슷하지만 만약 카운트다운을 10으로 한다면 여러분들은 어떤 식으로 블록을 조립할 건가요?

미션 경기장에 점수 표시하기

경기장 가운데 플레이어의 점수를 표시해 볼까요? 1P의 점수는 왼쪽 경기장 중앙에, 2P에 점수는 오른쪽 경기장 중앙에 나타나도록 합니다. 투명도 등의 그래픽 효과를 주고 각 점수 변수를 모양번호로 나타나게 합니다.

◑ 1P점수/2P점수

❗ 아래의 블록을 우선 '점수1P'에서 작성한 후 '점수2P'로 복사하여 위치와 변수를 수정하세요.

'GAMESTART' 신호를 받았을 때

x : −120, y : 0으로 이동한다
'색깔' 효과를 20으로 정하고
'투명도' 효과를 70으로 정한다
모양을 (1p점수 + 1)로 바꾸고 보이게 한다

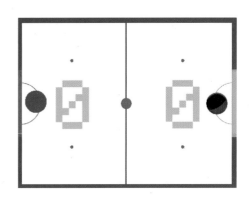

'ENDGAME' 신호를 받았을 때

'이 스프라이트에 있는 다른 스크립트'를 멈춘다
'색깔' 효과를 0으로 정하고
'투명도' 효과를 0으로 정한다
x : −85, y : 110으로 이동한다

1p점수 + 1

왜 점수에 1을 더하는걸까?

위 두 개의 블록 묶음을 '2P점수' 스프라이트로 복사하여 값을 수정한다
경기 중 x좌표는 120이고, 끝난 후 x좌표는 85이다
변수 '1p점수'를 '2p점수'로 변경한다

미션 확인 경기장에 점수 표시하기

경기장에 점수가 각각 표시되고 골인 시 점수가 알맞게 올라가는지 확인해 보세요. 당연히 상대방 골대(골대2P)에 넣으면 내 점수(1P점수)가 올라가겠죠? 혹시 블록을 다른 스프라이트에 복사하는 방법을 모르신다고요? 블록을 드래그해서 다른 스프라이트에 가져다 놓으면 된답니다.

◑ 1P점수/2P점수

1P점수

```
GAMESTART ▾ 신호를 받았을 때
x: -120 y: 0 (으)로 이동하기
색깔 ▾ 효과를 20 (으)로 정하기
투명도 ▾ 효과를 70 (으)로 정하기
모양을 1p점수 + 1 (으)로 바꾸기
보이기
```

```
ENDGAME ▾ 신호를 받았을 때
멈추기 이 스프라이트에 있는 다른 스크립트 ▾
색깔 ▾ 효과를 0 (으)로 정하기
투명도 ▾ 효과를 0 (으)로 정하기
x: -85 y: 110 (으)로 이동하기
```

2P점수

```
GAMESTART ▾ 신호를 받았을 때
x: 120 y: 0 (으)로 이동하기
색깔 ▾ 효과를 20 (으)로 정하기
투명도 ▾ 효과를 70 (으)로 정하기
모양을 2p점수 + 1 (으)로 바꾸기
보이기
```

```
ENDGAME ▾ 신호를 받았을 때
멈추기 이 스프라이트에 있는 다른 스크립트 ▾
색깔 ▾ 효과를 0 (으)로 정하기
투명도 ▾ 효과를 0 (으)로 정하기
x: 85 y: 110 (으)로 이동하기
```

두 스프라이트의 블록은 거의 비슷하죠? x좌표와 변수만 변경해 주면 됩니다. 투명도 효과는 0부터 100까지 줄 수 있는데 0은 원본이고 100은 최댓값으로 스프라이트가 보이지 않게 됩니다.

미션 게임 종료

★☆☆

이제 마지막 미션입니다. '배경'을 선택하세요. 게임 종료 조건을 만들고 게임 종료 신호를 보내도록 합니다. 경기 중일 때 사용되는 블록을 멈춰야 하기 때문에 '멈추기' 블록을 이용합니다. 지문을 보고 빈칸을 채워 조립하세요.

● 배경

'GAMESTART' 신호를 받았을 때

무한 반복 안에서
만약 '1p 점수'나 '2p 점수'가 5와 같으면 아래 모두를 실행한다
'ENDGAME' 신호를 보내고
배경을 '종료'로 바꾼다
모든 소리를 끄고 소리 효과를 지운다
'이 스프라이트에 있는 다른 스크립트'를 멈춘 후에
'이 스크립트'를 멈춘다

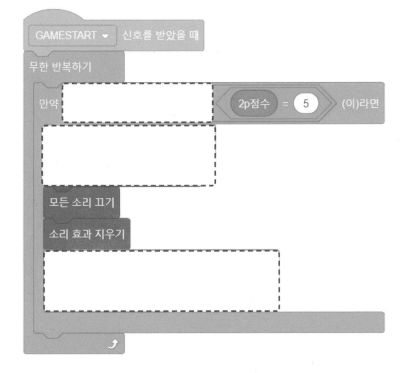

미션 확인 게임 종료

경기를 시작해서 **5**골을 먼저 넣어보세요. 종료 배경이 나오면서 최종 점수와 축하 사운드가 들리는지 확인해 보세요.

○ 배경

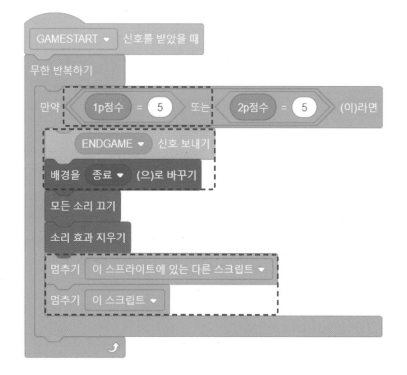

두 플레이어 중 한 명의 점수가 5점이 되면 경기가 종료하므로 '또는' 연산자를 사용해야 합니다. 종료 신호를 보낸 후에 다른 블록을 먼저 멈춘 후 현재 이 블록(스크립트)을 멈추게 합니다. 멈추지 않으면 계속 신호를 보내게 되겠죠?

챌린지 미션

▶ 2P를 키보드로 조종하게 하여 2인용 게임을 만들어 보세요.
▶ 공의 속도와 2P의 움직임 등을 변경하여 난이도를 높여보세요.
▶ 인트로 화면과 게임 종료 화면을 더 멋지게 꾸며 나만의 작품을 공유해 보세요.

정리하기

첫 번째 작품을 멋지게 완성하셨나요?
나만의 작품으로 좀 더 멋지게 꾸며 친구들에게 공유해 보세요.
어떤 부분이 재미있었고 어려웠는지 느낀 점도 함께 적어보세요.

☑ 스크래치의 기본 블록들을 이해하고 사용할 수 있습니다.

☑ 스프라이트의 모양, 크기, 색깔, 투명도 등의 그래픽 효과를 사용할 수 있습니다.

☑ 부등호와 조건문을 이해하고 사용할 수 있습니다.

☑ 방향 블록을 이용하여 공의 움직임을 제어할 수 있습니다.

☑ 신호를 이용하여 게임의 시작과 종료 기능을 구현할 수 있습니다.

MEMO

코딩 퀴즈

본 문제는 패턴인식과 문제해결력을 평가하는 문제입니다.

Q 제크는 학교에서 7 세그먼트 센서로 숫자를 표현하는 방법을 배웠다. 7개의 LED를 모두 켜면 8이 되고 오른쪽 2개를 켜면 1이 되는 형태로 모든 수를 표현할 수 있다는 것을 알게 된 제크는 친구들에게 이 센서로 만든 숫자를 보여주고 다음에 나올 숫자를 맞춰보라고 하였다. 마지막에 올 숫자는 무엇일까?

$$0 \quad 6 \quad 12 \quad 19 \quad 27 \quad 35 \quad ?$$

답과 함께 왜 그렇게 생각하는지 적어보세요.

정답 192 page

애플리케이션(Application)이란?

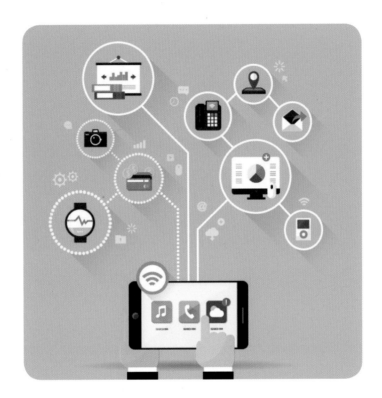

스마트폰을 쓰면서 흔히들 말하는 '어플', '앱'이라는 용어는 무엇을 뜻하는 걸까요?
이 단어의 정확한 명칭은 'Application Software' 즉, 응용 소프트웨어입니다. 이는 특정
목적을 위해 제작된 프로그램을 말합니다. 스마트폰뿐만 아니라 컴퓨터에 게임이나 작
업을 위해 설치하던 프로그램들이 모두 응용 프로그램입니다.

아이폰이 application의 약자로 처음 app(앱)이라는 용어를 사용했는데 전 세계적으로
아이폰이 인기를 얻으면서 '애플리케이션 = 스마트폰용 소프트웨어'라는 대중적인 인
식이 생겨났습니다. 모바일에서 사용하는 애플리케이션을 '모바일 앱'이라고도 합니다.
스마트폰이 대중화되면서 채팅, 금융, 카메라 촬영 등 다양한 서비스의 모바일 앱이 개
발되었고 게임, 내비게이션 등 다른 영역으로 빠르게 확장되고 있습니다.

CHAPTER 02
Let's go 팡팡

| 난이도 | ★★☆☆☆

주요 학습 포인트 #그래픽 효과 #방향 #신호 #난수 #좌표 #변수

 제크가 좌우로 움직이면서 화살을 발사시켜 버블을 맞추면 반으로 나뉘면서 작아지고 가장 작은 버블들까지 모두 맞춰 없애는 게임입니다. 레벨 7까지 클리어 해 보세요.

작품 설명

팡팡 게임은 고전 아케이드 게임 중 '팡'이라는 게임을 심플하게 재구성한 작품입니다. 제크가 화살로 버블을 터뜨리는 게임으로, 화살로 버블을 맞추면 버블이 둘로 나뉘어지며 작아지도록 합니다. 총 7단계의 레벨로 구성되어 있고, 점점 버블 수가 늘어나게 됩니다. 멋지게 완성하여 미션을 클리어 해 보세요.

미션용 파일(온라인) : https://scratch.mit.edu/projects/447200258/

▶ 브라우저에 다음 주소를 입력하여 접속 후 우측 상단의 '스크립트 보기' 버튼을 눌러주세요.
▶ 또는 아래 미션용 실습 파일을 다운받아 사용해 주세요. (p.7 참조)

미션용 파일	02.Let's go 팡팡_미션용.sb3
완성용 파일	02.Let's go 팡팡_완성본.sb3

스크래치게임챌린지_2_Let's go 팡팡_미션용　　 스크립트 보기

사용 방법

인트로 화면에서 올라가는 버블을 클릭하여 게임을 시작합니다.

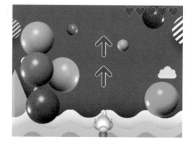

제크를 왼쪽, 오른쪽 화살표키로 움직이고 스페이스 키로 화살을 발사하여 버블을 맞춥니다.

7개의 레벨이 있고 레벨 끝까지 모두 클리어하면 엔딩화면이 나타납니다.

 TIP 작품을 만드는 도중에 자신의 방식대로 변경해도 좋지만 주어진 지문대로 완성을 한 후 변경해 볼 것을 권장합니다.

생각 열기

캐릭터가 총알을 발사하는 비행 게임을 만든다고 생각해 볼까요? 여러분은 총알을 어떻게 발사할 건가요? 왼쪽에서 오른쪽으로 발사한다면 특정 키를 눌렀을 때 총알 스프라이트를 캐릭터 위치에서 오른쪽으로 움직이도록 해야겠죠. 그런데 총알을 여러 개 발사하려면 어떻게 해야 할까요? 이럴 때 사용하는 것이 '복제'입니다.

아래 순서대로 'Cat Flying'과 'Arrow1' 스프라이트를 추가하여 'Arrow1'에서 순서대로 조립한 후 실행해 보세요.

그림과 같이 날아다니는 고양이가 '스페이스' 키를 누르면 화살 총알을 오른쪽으로 발사하려고 합니다. 그러려면 우선, 스프라이트 원본은 숨겨야 합니다.

그리고 '스페이스' 키를 눌렀을 때 '제어' 메뉴에 있는 '(나 자신) 복제하기' 블록을 사용하여 복제합니다.

복제한 후에는 '복제되었을 때' 블록을 조립해야 합니다. 이 2개는 세트입니다. 화살 복제본을 'Cat Flying'으로 이동 시켜 보이게 합니다. 이후에는 오른쪽 끝(240)까지 'x좌표를 ~만큼 바꾸기' 블록을 반복합니다. 특정 위치까지 이동시키기 위해 좌표를 이용하는 것이 좋습니다. 이런 방법으로 해야 반복 안에서 '적에게 닿았을 때'와 같은 조건을 추가할 수 있답니다. 복제본의 움직임이 끝났으면 반드시 복제본을 삭제하는 블록을 끝에 넣어주어야 합니다. 그렇지 않으면 많은 복제본이 쌓여 게임이 멈출 수도 있답니다.

학습 포인트

연산(Operators) 메뉴에는 값을 계산하고 비교하는 데 필요한 블록과 여러 조건을 조합하고 무작위 수(랜덤)를 구하는 블록 등 상당히 중요한 블록들이 많이 있습니다. 우선 그 중에서 가장 많이 사용하게 될 블록들을 살펴볼까요?

○ 연산

'연산' 메뉴에서 가장 위에 있는 블록 4개는 기본적인 더하기, 빼기, 곱하기, 나누기를 하는 계산 블록입니다. 이를 사칙연산이라고 하죠. 두 개의 값을 계산해주고 값을 입력한 후 클릭하면 그 결과 값을 바로 보여줍니다. 그럼, 여러 값으로 복잡한 계산을 하려면 어떻게 해야 할까요? 아래와 같이 계산 블록 여러 개를 조합하여 조립하면 되는데 이때 주의할 점은 가장 위에 있는 블록부터 순서대로 실행된다는 겁니다. 아래 블록을 예로 들면, 빼기 > 곱하기 > 나누기 순으로 계산됩니다.

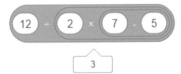

랜덤한 값을 구해주는 블록입니다. 우리가 만들 거의 모든 작품에 사용되는 블록이며, 입력한 값의 범위 중 하나를 무작위로 구해줍니다.

값이 크거나 작은지 그리고 같은지를 비교해 주는 블록입니다. 이를 '비교 연산'이라고 합니다. 이 블록들은 '만약 ~ 라면' 블록에 주로 넣어서 사용하는데 아래 예시 블록처럼 '생명'이라는 변수가 0이 되면 '게임오버' 신호를 보내는 식으로 사용하게 됩니다. 이렇게 '변수'를 비교할 때는 왼쪽에 변수를, 오른쪽에 값을 두는 것이 좋습니다.

주요 신호와 변수

이번 작품에서 사용될 주요 신호와 변수를 살펴볼까요?

주요 신호

▶ **GAMESTART** : 게임 시작 신호입니다.

▶ **GAMEOVER** : 게임 종료 신호입니다.

▶ **HIT** : 화살이 버블에 닿았을 때 보내는 신호입니다.

▶ **TOUCH** : 버블이 제크에 닿았을 때 보내는 신호입니다.

▶ **LEVELUP** : 레벨이 올라갈 때 보내는 신호입니다.

▶ **SUCCESS** : 모든 레벨을 클리어하면 보내는 신호입니다.

변수

▶ **레벨** : 현재 레벨을 저장하는 변수입니다.

▶ **무적** : 제크가 버블에 닿았을 때 잠깐 무적상태가 되기 위한 플래그 변수입니다.

▶ **버블수** : 현재 남은 버블의 수를 저장하는 변수입니다. 버블수가 0이 되면 다음 레벨로 넘어가게 합니다.

▶ **생명** : 제크의 생명을 저장하는 변수로 초기값은 5이고, 레벨이 올라갈 때마다 조금씩 증가합니다.

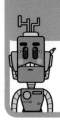

따라하기 시작 버블 복제하기

'시작 버블' 스프라이트를 선택하여 여러 개의 버블을 복제합니다.

◎ 시작 버블

0.5초에서 2초 사이 난수 블록을 이용해 하나씩 복제본을 생성합니다.

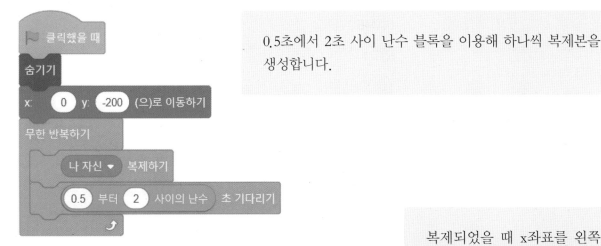

복제되었을 때 x좌표를 왼쪽 −300~50에 배치시킨 후 다양한 그래픽 효과를 줍니다. 크기를 20~50 사이로 투명도를 20~70 사이로 효과를 줍니다. 버블의 모양이 5개여서 모양을 1~5 사이로 랜덤하게 바꾼 후 보이게 합니다. 이후, y좌표가 170보다 클 때까지 x좌표와 y좌표를 바꾸면서 움직이게 합니다. y좌표를 1~3만큼 바꿔 버블이 위로 올라가게 하고, x좌표를 0~2만큼 바꿔 좌우로 흔들리는 효과를 줍니다. 그러면 버블이 오른쪽으로 조금씩 움직이면서 위로 올라가게 됩니다. 반복이 끝난 후 복제본은 반드시 삭제해야 합니다.

미션 게임 시작 조건

★ ☆ ☆

복제된 '시작 버블'을 클릭하면 게임이 시작되도록 해 보세요. 너무 쉽다고요? 마우스로 버블 복제본을 클릭하려면 어떤 조건이 있어야 할지 생각해 봐야 한답니다.

◐ 시작 버블

복제되었을 때

무한 반복 안에서 작성한다
복제본을 마우스로 클릭하면 아래 모두를 실행
한다
'Glug'을 재생한다
크기를 20만큼 바꾸고
(어안 렌즈) 효과를 10만큼 바꾸는 것을
10번 반복한다
'GAMESTART' 신호를 보내고
이 복제본을 삭제한다

 HINT

'복제본을 마우스로 클릭하면' 부분은 2개의 감지 블록을 '그리고' 연산 블록으로 연결해야 합니다. 이 2개의 블록은 모두 마우스와 관련된 블록입니다. 10번 반복하는 블록 안에도 2개의 형태 블록이 들어가야 합니다.

나도 좀
홀쭉하게 만들어 주면
안되겠니?

 TIP

크기 효과와 어안 렌즈 효과를 사용하면 위의 그림처럼 버블 스프라이트가 자연스럽게 부풀어 오르는 효과를 줄 수 있습니다.
어안 렌즈 효과는 0을 기준으로 증가하면 중심부 모양을 볼록하게, 감소하면 홀쭉하게 만들어줍니다.

미션 확인 게임 시작 조건

시작 버블의 복제본 중 하나를 클릭해 보세요. 버블이 부풀어 오르면서 게임 화면으로 변경되나요? 아래의 블록과 본인이 작성한 블록을 비교해 보세요.

⊙ 시작 버블

복제되었을 때

무한 반복하기

    만약 〈 마우스 포인터 ▼ 에 닿았는가? 〉 그리고 〈 마우스를 클릭했는가? 〉 (이)라면

        Glug ▼ 재생하기

        10 번 반복하기

        크기를 20 만큼 바꾸기

          어안 렌즈 ▼ 효과를 10 만큼 바꾸기

        GAMESTART ▼ 신호 보내기

    이 복제본 삭제하기

'복제본을 마우스로 클릭하면'이라는 조건은 '마우스 포인터에 닿았는가?'와 '마우스를 클릭했는 가?' 조건을 모두 만족해야만 합니다. 만약 '마우스 포인터에 닿았는가?' 조건만 있다면 클릭을 하지 않고 마우스를 버블에 가져다 놓기만 하면 참이 됩니다. 그리고 '마우스를 클릭했는가?' 조건만 있다면 아무 위치에서 마우스를 클릭해도 참이 됩니다.

 간단하게 '이벤트'의 '이 스프라이트를 클릭했을 때' 블록으로 사용할 수도 있답니다. 하지만, 마우스의 클릭 이벤트 외에 다른 조건과 사용할 경우엔 이런 방식이 더 확장하기 좋은 방법이 될 수 있습니다.

미션 제크 움직이기

이제 '제크' 스프라이트를 선택하고 좌우 화살표 키로 제크를 왼쪽과 오른쪽으로 움직이도록 해 보세요. 그리고, 화면 밖으로 넘어가지 않도록 해야 합니다.

○ 제크

'GAMESTART' 신호를 받았을 때

x : 0, y : −145로 이동한 후에 보이게 한다
무한 반복 안에서
좌우 화살표 방향키를 누르면
각 방향으로 10만큼씩 움직이도록 한다

드디어 내가
나설 차례인가?

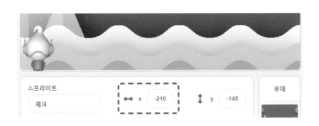

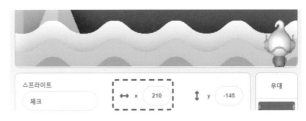

'GAMESTART' 신호를 받았을 때

좌우 화면 밖으로 나가지 못하도록 한다
x좌표의 기준값은
왼쪽 −210, 오른쪽 210이다

 HINT

왼쪽으로 움직이면 점점 x좌표가 작아지겠죠? −210보다 작아질 때는 'x좌표를 ~로 정하기' 블록을 사용하면 된답니다. 같은 방법으로 오른쪽 방향도 적용해 보세요.

미션 확인 제크 움직이기

제크가 좌우로 잘 움직이나요? 화면 밖으로 나가거나 순간이동을 하진 않았나요? 특정한 좌표 내에서만 움직이도록 하는 방법은 앞으로도 유용하게 사용될 수 있으니 아래 블록과 비교해 보고 잘 기억해 두길 바랍니다.

◑ 제크

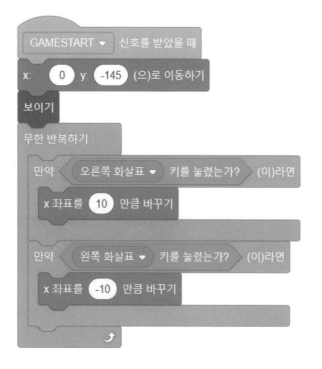

그런데 설마 내 잘생긴 앞모습은 안나오는건가?

좌우로 움직이게 하는 판단 조건은 '무한 반복' 블록 안에 있어야 합니다. 그렇지 않으면 한 번만 실행되고 끝나기 때문이죠.

왼쪽은 기준 좌표 −210보다 작으면 x좌표를 −210으로 정하고, 오른쪽은 반대로 기준 좌표 210보다 크면 x좌표를 210으로 정합니다. 왼쪽으로 가면 x좌표가 점점 감소하고, 오른쪽으로 가면 x좌표가 점점 증가하기 때문이죠. 마찬가지로 위아래로 움직이게 하거나 위아래 특정 좌표 안에서만 움직이도록 할 때 같은 방법으로 사용할 수 있습니다.

미션 화살 발사하기

이제 화살을 발사할 차례입니다. 복제본을 만들고 복제되었을 때의 움직임까지 같이 작성합니다. 스페이스 키를 누르면 화살이 발사되는지 확인해 보세요.

○ 화살

'GAMESTART' 신호를 받았을 [[때

숨기고 아래를 반복한다
(제크)로 이동하기
만약 '스페이스' 키를 누르고 '생명'이 0보다 크면
나 자신을 복제하고 0.2초 기다린다

HINT

스페이스 키를 계속 누르고 있으면 0.2초 간격으로 그림처럼 발사됩니다.

복제되었을 [[때

보이고
y좌표가 180보다 클 때까지
y좌표를 10만큼 바꾸는 것을 반복한다
반복이 끝난 후 이 복제본을 삭제한다

`y 좌표 > 180`

HINT

'생명'은 제크의 생명 변수입니다. 생명이 0보다 클 때만 화살이 발사되도록 합니다. 화살의 복제본은 화면 위 y좌표인 180까지 반복해서 10만큼 이동하고 삭제됩니다.

미션 확인 화살 발사하기

스페이스 키를 눌렀을 때 화살이 잘 발사됐나요? 어떤 버블도 다 터뜨릴 수 있을거 같죠?
하지만 생각보다 쉽진 않을 겁니다.

○ 화살

화살은 '제크' 스프라이트 위치에서 발사되어야 하
므로 먼저 '제크'로 이동하게 합니다. '생명' 조건은
게임 종료 후에는 화살이 발사되지 않도록 하기 위
해서입니다.

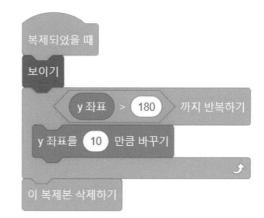

복제되었을 때 복제본이 보이도록 합니다. 화살이 위로 움직이다가 버블에 닿으면 복제본이 사
라져야 할 거 같은데 그런 조건 블록이 없죠? 이후에 '버블' 스프라이트에서 신호를 보내 화살
복제본을 삭제할 겁니다.

미션 버블 복제하기

★★☆

'버블' 스프라이트를 선택합니다. 버블을 '레벨' 변수에 따라 복제되도록 하고 복제본이
움직이다가 벽에 닿으면 튕기도록 합니다.
이번 미션은 수식이 많이 들어가니 힌트 블록을 참조하여 천천히 조립해 보세요.

⊙ 버블

'GAMESTART' 신호를 받았을 때

3초 후에 크기를 50%로 정한다
아래 블록 모두 ('레벨' + 2)번 반복한다
x : (−100 ~ 100 사이 난수), y : 150으로 이동한다
(150 ~ 210 사이 난수)도 방향을 본 후
나 자신을 복제한다

 HINT

레벨에 따라 처음 버블의 개수를 정합니다.
레벨이 1이면 3개, 2이면 4개 이런 식으로 하나씩 증가하게 됩니다.

슬슬
어려워지는 느낌은
나만 그런가?

복제되었을 때

'버블수'를 1만큼 바꾼다
모양을 (1~5사이 난수)로 바꾸고
크기를 −10만큼 바꾼 후 보이게 한다
(3 + ((40−'크기') ÷ 10))만큼 움직이고
벽에 닿으면 튕기기를 계속 반복한다

 HINT

버블의 크기를 처음에 50% 정해서 복제될 때마다 −10만큼 줄이게 됩니다. '레벨', '버블수'는 변수입니다. 복제
되었을 때 움직임의 수식이 복잡하죠? 버블의 크기에 따라 속도를 증가시키기 위한 계산식입니다. 맨 밑에서부
터 +, ÷, − 블록 순으로 조립하세요.

미션 확인 버블 복제하기

큰 버블 3개가 나타나서 움직이기 시작하나요? 벽에 닿았을 때 튕기면서 움직이죠. 아직 화살로 버블을 터트릴 수는 없습니다.

○ 버블

GAMESTART ▼ 신호를 받았을 때
　3　초 기다리기
크기를 50 %로 정하기
레벨 + 2 번 반복하기
x: -100 부터 100 사이의 난수 y: 150 (으)로 이동하기
150 부터 210 사이의 난수 도 방향 보기
나 자신 ▼ 복제하기

처음 나타나는 버블들의 x좌표는 −100에서 100으로 가운데 범위로 설정합니다. 방향은 150에서 210으로 잡게 되는데, 180이 아래쪽 방향입니다. 이 180도 기준으로 우측 30도 좌측 30도 반경 안에서 방향이 결정됩니다.

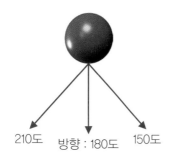

210도　　방향 : 180도　　150도

크기에 따라 달라지는 속도의 계산식을 좀 더 살펴볼까요?
계산식은 3+(40−크기)÷10)로, 크기는 처음 50에서 첫 번째 복제 시 40으로 줄어듭니다. 이 때 속도는 '(40−크기)÷10'이 0이 됨으로 결국 3이 됩니다. 여기서 또 복제를 하면 크기는 30이 되겠죠? 계산식에 따르면 속도는 4가 됩니다. 이런 식으로 크기가 10씩 줄어들 때마다 속도가 1씩 빨라지게 된답니다.

복제되었을 때
버블수 ▼ 을(를) 1 만큼 바꾸기
모양을 1 부터 5 사이의 난수 (으)로 바꾸기
크기를 -10 만큼 바꾸기
보이기
무한 반복하기
　3 + 40 - 크기 ÷ 10 만큼 움직이기
벽에 닿으면 튕기기

미션 버블 반으로 나누기

★★☆

이번 작품에서 아주 중요한 부분입니다. 버블이 화살에 닿으면 반으로 나눠지도록 합니다. 기존 복제본 블록 안에 이어서 작성해야 합니다. 지문과 힌트 블록을 참조하여 천천히 조립해 보세요.

◎ 버블

'벽에 닿으면 튕기기' 블록 아래 이어서 조립한다

만약 '화살'에 닿았다면

'HIT' 신호를 보낸다

만약 (크기)가 10보다 크면

숨긴 후에

(−55 ~ 55 사이 난수)도 방향을 본 후

나 자신을 복제하는 것을

2번 반복한다

2초 기다린다

'버블수'를 1 줄이고

이 복제본을 삭제한다

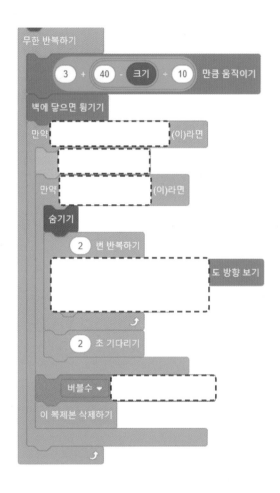

HINT

버블이 화살에 닿으면 크기가 10보다 클 경우에 2개의 작은 버블로 쪼개지는 부분입니다. 크기가 10 이하면 분리되지 않고 바로 삭제됩니다. '버블수'를 1 줄이는 것은 −(마이너스)값으로 '바꾸기' 블록을 사용합니다.

미션 확인 버블 반으로 나누기

이번 미션은 어땠나요? 버블을 화살로 맞추면 크기가 줄고 두 개의 버블로 쪼개지면서 위로 움직이나요? 아래 블록을 비교해보면서 각 블록과 값들이 어떤 역할을 하는지 생각해 보세요.

○ 버블

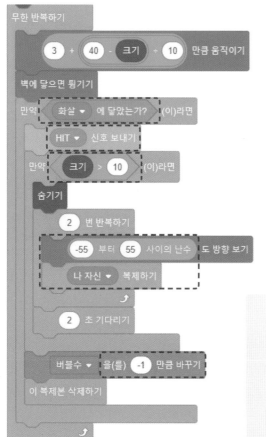

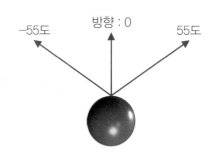

2개의 버블로 복제될 때 방향을 위쪽으로 향하게 합니다. 위쪽의 방향이 0도이므로 좌우 55도 반경으로 방향이 설정됩니다.

버블이 화살에 닿았을 때 'HIT' 신호를 보내 화살 복제본이 사라지도록 합니다. 크기가 10보다 클 경우에 두 개의 복제본을 생성합니다. 첫 복제본의 크기가 40이고 10씩 줄어들기 때문에 맞출 때마다 크기가 40 > 30 > 20 > 10으로 줄어들게 됩니다. 마지막 가장 작은 크기 10인 버블을 맞추면 버블이 삭제됩니다.

미션 · 제크가 버블에 닿았을 때

다시 '제크' 스프라이트를 선택합니다. 제크가 버블에 닿았을 때 생명을 감소시키고 '무적' 플래그 변수를 이용하여 잠깐 무적 효과를 발동시킵니다. 이번 미션은 주어진 블록에서 지문과 다른 부분을 찾아 수정해야 하는 디버깅 미션입니다.

◎ 제크

❗ 수정이 필요한 부분은 5군데입니다.

'GAMESTART' 신호를 받았을 때

무한 반복 안에서
'버블'에 닿았다면
'무적'이 0이라면
'TOUCH' 신호를 보내고
'Police Siren'을 재생한다
'무적'을 1로 정하고 '생명'을 1 줄인다
색깔 효과를 10만큼 바꾸고
0.01초 기다리는 것을
20번 반복한다
색깔 효과를 0으로 정하고
'무적'을 0으로 정한다

음..
정말 틀린게 5군데
맞아요?

```
GAMESTART ▾ 신호를 받았을 때
무한 반복하기
  만약  버블 ▾ 에 닿았는가?  (이)라면
    만약  무적 > 0  (이)라면
      TOUCH ▾ 신호 보내기
      Police Siren ▾ 재생하기
      무적 ▾ 을(를) 1 만큼 바꾸기
      생명 ▾ 을(를) -1 로 정하기
      20 번 반복하기
        색깔 ▾ 효과를 10 (으)로 정하기
        0.1 초 기다리기
      색깔 ▾ 효과를 0 (으)로 정하기
      무적 ▾ 을(를) 0 로 정하기
```

미션 확인 제크가 버블에 닿았을 때

지문과 다른 **5군데** 모두 잘 수정했나요? 빠르게 블록을 조립하는 것도 중요하지만 틀린 부분을 잘 찾아내는 디버깅 능력도 중요하답니다.

◎ 제크

```
GAMESTART ▾ 신호를 받았을 때

무한 반복하기
    만약    버블 ▾    에 닿았는가?   (이)라면
        만약    무적  =  0    (이)라면      ①
            TOUCH ▾ 신호 보내기
            Police Siren ▾ 재생하기
            무적 ▾ 을(를)  1  로 정하기   ②
            생명 ▾ 을(를)  -1  만큼 바꾸기   ③
            20  번 반복하기
                색깔 ▾ 효과를  10  만큼 바꾸기   ④
            ⑤  0.01  초 기다리기
            색깔 ▾ 효과를  0  (으)로 정하기
            무적 ▾ 을(를)  0  로 정하기
```

① '무적'이 0이라면 조건은 '='등호를 사용합니다.

② '무적'을 1로 정합니다.

③ '생명'을 1씩 줄여야 함으로 −1만큼 '바꾸기' 블록을 사용합니다.

④ (색깔) 효과를 10만큼 '바꾸기' 블록을 사용합니다.

⑤ 0.01초 기다립니다.

'무적'이 0일 때만 효과를 발동시킵니다. 이렇게 상태를 나타내는 변수를 플래그 변수라고 합니다. 무적 상태일 때 0.01초 간격으로 색깔을 바뀌도록 합니다. 효과가 모두 끝난 후에 다시 '무적' 효과를 0으로 돌려줍니다.

계속
무적이고 싶다
ㅜㅜ

미션 　하트 표시하기

★★☆

'하트' 스프라이트를 선택해서 '생명' 변수에 따라 하트를 우측 상단에 표시해 줍니다. 복잡해 보이나요? 우선, 이해가 잘 안 되더라도 천천히 지문을 따라 조립한 후 미션 확인 페이지에서 블록들의 기능을 자세히 살펴보길 바랍니다.

⊕ Heart

'GAMESTART' 신호를 받았을 때

'생명번호'를 0으로 정한다
아래 모두를 '생명'번 반복한다
'생명번호'를 1만큼 바꾸고
0.1초 기다린다
나 자신을 복제한다

복제되었을 때

크기를 20%로 정하고
모양을 'heart red'로 바꾼다
x : (240 － ('생명번호' × 30)), y : 160으로 이동한 후에 보이게 한다
만약 '생명번호'가 '생명'보다 크면
모양을 'heart purple'로 바꾸는 것을 무한 반복한다

 HINT

화면의 우측 상단에 '생명' 변수만큼 'Heart' 스프라이트를 복제하여 보여주는 기능입니다. '생명번호' 변수는 각 복제본이 생성될 때마다 갖게 되는 번호로, 이 스프라이트에서만 사용되는 변수입니다. 이런 변수를 '지역 변수' 라고 합니다.

미션 확인 하트 표시하기

하트 모양이 '생명' 변수만큼 우측 상단에 복제되어 잘 보이나요? 제크가 버블에 닿았을 때 모양이 바뀌는지도 확인해 보세요. 변수에 따라 복제본을 보여주는 기능으로 설명을 잘 읽고 이해하여 활용할 수 있으면 좋겠습니다.

◯ Heart

* 복제본마다 '생명번호'를 가지게 됩니다.

⑤ ④ ③ ② ①

'생명번호'를 0으로 정한 후 1씩 증가시키면서 복제본을 만듭니다. 그러면, 복제본이 생성될 때마다 '생명번호'가 부여됩니다.

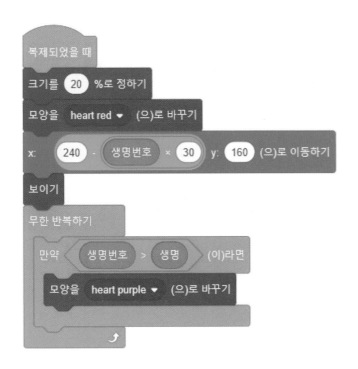

복제본의 y좌표는 160으로 고정합니다. x좌표는 '생명번호'에 따라 30 간격으로 오른쪽에서부터 왼쪽으로 생성됩니다. '생명번호'가 1이면 240-(1 × 30)이므로 x좌표 210에 위치하게 되고 2이면 180, 3이면 150으로 30씩 줄어들어 복제본의 x좌표가 정해집니다.

복제본마다 계속해서 자신의 '생명번호'와 '생명' 변수를 비교하게 합니다. 만약, 처음 '제크'가 버블에 부딪혀 '생명'이 5에서 4로 줄게 되면 '생명번호'가 5인 복제본은 '생명'(4)보다 크게 되므로 모양이 변경됩니다. 이와 같이 다른 복제본도 '생명'이 줄면 모양을 바꿉니다.

미션 레벨업 및 종료 조건

이제 마지막 미션입니다. '배경'을 선택해 주세요. 레벨업하는 조건과 게임이 종료되는 조건을 작성합니다. 작성 후 다음 레벨로 올라가는지와 '생명'이 0이 되면 게임이 종료되는지 확인해 보세요.

◆ 배경

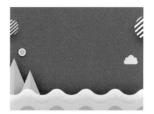

'GAMESTART' 신호를 받았을 [[때

5초 후에 아래를 모두 반복한다
만약 '버블수'가 0이라면
1초 후에 'LEVELUP' 신호를 보내고
이 스트립트를 멈춘다

'LEVELUP' 신호를 받았을 [[때

'무적'을 0으로 정하고
'생명'을 (5 + (버림 ('레벨' ÷ 2))로 정한다
'버블수'를 0으로 정하고
'Clapping'을 끝까지 재생한다
'레벨'을 1만큼 바꾸고
'GAMESTART' 신호를 보낸다

조금 복잡해 보이긴 한데.. '생명'값이 어떻게 변할까?

 HINT

버블을 모두 터트리면 'LEVELUP' 신호를 보냅니다. 'LEVELUP' 신호을 받아서 변수들을 모두 초기화시키고 다음 레벨로 넘어가게 됩니다. 이 때 '생명'을 증가시키기 위한 계산식을 힌트 블록을 참조하여 정확하게 조립해 보세요.

미션 확인 레벨업 및 종료 조건

버블을 모두 터뜨려 다음 레벨로 넘어가는지 확인해 보세요. 레벨 3에서 생명이 한 개 더 늘어서 6개가 되어야 합니다. 아래 블록과 비교해 보세요.

○ 배경

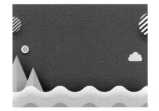

```
GAMESTART ▼ 신호를 받았을 때
    5 초 기다리기
무한 반복하기
    만약  버블수 = 0  (이)라면
        1 초 기다리기
        LEVELUP ▼ 신호 보내기
        멈추기  이 스크립트 ▼
```

다음 레벨로 넘어가는 조건은 '버블수'가 0일 때입니다. '버블수' 값이 설정되는 시간이 있으므로 신호를 받고 넉넉히 5초 후부터 체크합니다. 레벨업 신호를 보낸 후에는 이 스크립트를 멈춥니다. 그렇지 않으면 계속 신호를 보내기 때문입니다. 스크립트가 멈추더라도 다시 신호를 받으면 동작합니다.

```
LEVELUP ▼ 신호를 받았을 때
    무적 ▼ 을(를) 0 로 정하기
    생명 ▼ 을(를) 5 + 버림 ▼ ( 레벨 ÷ 2 ) 로 정하기
    버블수 ▼ 을(를) 0 로 정하기
    Clapping ▼ 끝까지 재생하기
    레벨 ▼ 을(를) 1 만큼 바꾸기
    GAMESTART ▼ 신호 보내기
```

레벨업 신호를 받으면 변수들을 초기화시킵니다. 이때 '생명'은 계산에 따라 증가하게 됩니다. '생명'은 처음 5개에서 레벨이 2씩 올라갈 때마다 하나씩 늘어나게 됩니다. '버림'은 나눈 값의 나머지값을 버린다는 의미로 2레벨로 넘어갈 때 ½의 나머지 값을 버리면 0이므로 그대로 5가 되고 3레벨로 넘어갈 때는 2/2 = 1이 되어 '생명' 값이 6이 됩니다.

미션 · 레벨 7 미션 클리어 하기

이제 모든 기능을 구현하였습니다. 레벨 7까지 모두 클리어 해야겠죠? 실력으로 할 수 없다면 난이도를 조절하고 나름의 방법으로 블록을 변경하여 클리어 해보도록 하세요. 단, 다음 조건은 지켜 블록을 변경 해야합니다. 자신만의 방법으로 변경하는 미션입니다.

> 변수를 수정하거나 변수 블록을 추가할 수 없다
> '배경'의 블록은 수정할 수 없다
> '버블'의 블록은 수정할 수 없다
> '제크'가 '버블'에 닿는 조건은 수정할 수 없다

 HINT

그럼, 뭘 수정할 수 있는거죠?

> '화살' 스프라이트의 블록들을 변경해 보세요.
> '제크'의 모양은 변경할 수 있답니다. 대신 화면에 제크가 보여야만 해요.

'화살'이 발사될 때마다 '생명'이 늘어나도록 해도 되나요?
> 안됩니다. 변수 관련된 블록은 모두 사용할 수 없어요.
> 왜냐하면 너무 시시하게 끝낼 수 있기 때문입니다.

그럼 '화살' 크기도 변경해도 되나요?
> 그럼요. 됩니다.

자신만의 방법으로 게임핵을 만들어봐도 좋아요. 하지만 너무 과하면 재미가 없겠죠. ☺

미션 확인

게임을 클리어했나요? 게임은 적당한 난이도가 있어야 재미있답니다. 이번 미션에는 정답이 없지만, 몇 가지 게임핵을 알려드릴테니 따라해 보세요.

① 화살 복제 스피드 업

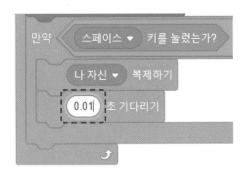

화살을 복제하는 간격을 최소단위인 0.01로 변경하면 엄청난 속도로 화살이 발사되게 됩니다.

② 초대형 화살

화살 복제본의 크기를 500%로 늘려서 대왕 화살을 발사해 보세요.

③ 복제본 삭제하지 않기

이 블록을 제거했다면 당신은 천재입니다. 복제본이 삭제가 되지 않기 때문에 버블에 닿아도 화살이 올라가게 되고 버블들이 눈녹듯이 사라질 겁니다.

Challenge mission

챌린지 미션

▶ 제크를 마우스로 조종하고, 마우스를 클릭했을 때 화살을 발사시켜 보세요.
▶ 레벨마다 좀 더 큰 버블과 작은 버블이 섞여서 나오도록 해 보세요.
▶ 장애물을 만들어 버블과 화살이 장애물에 튕겨 나가도록 해 보세요.

정리하기

이번 작품은 어땠나요?
나만의 작품으로 좀 더 멋지게 꾸며 친구들에게 공유해 보세요.
어떤 부분이 재미있었고 어려웠는지 느낀 점도 함께 적어보세요.

☑ 스프라이트에서 키보드로 움직임을 제어하고 좌표의 범위를 정할 수 있습니다.

☑ 스프라이트를 복제하여 원하는 방향으로 움직이게 할 수 있습니다.

☑ 변수를 이용한 플래그로 특정 상태를 제어할 수 있습니다.

☑ 좌표와 난수를 이용하여 정해진 범위 내에서 무작위 위치를 정할 수 있습니다.

☑ 복제본의 번호 변수와 일반 변수를 비교하여 복제본을 제어할 수 있습니다.

MEMO

Q 아래의 기호들은 어떤 물체가 나타내는 모양입니다. 이 기호들이 나타내는 숫자가 의미하는 것이 무엇인지 생각해보고 마지막 기호의 숫자를 맞춰보세요.

$$\llcorner \quad = 15 \qquad \urcorner \quad = 15$$

$$\mid \quad = 18 \qquad \text{—} \quad = \;?$$

💡 답과 함께 왜 그렇게 생각하는지 적어보세요.   정답 192 page

버그(Bug)와 디버깅(Debugging)

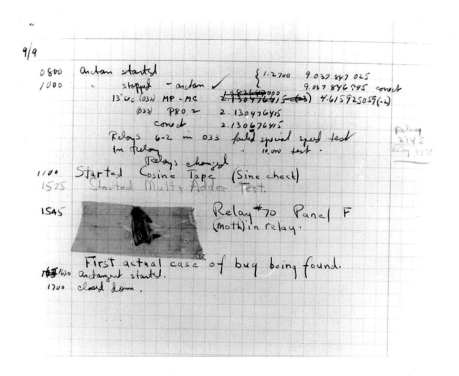

벌레를 뜻하는 버그(bug)는 컴퓨터 프로그램에 오류가 발생하는 문제를 말하기도 합니다. 초기 컴퓨터 개발자가 컴퓨터 고장의 원인을 찾던 중 회로 사이에서 끼어있는 나방을 발견했고, 이때부터 컴퓨터에 생기는 문제를 버그라고 부르게 되었습니다. 이렇게 컴퓨터 프로그램 개발 중에 발생하는 버그를 찾아내고 수정하는 과정을 디버깅(debugging)이라고 합니다.

'버그가 없는 프로그램은 없다'라는 말처럼 사람이 작성한 프로그램은 버그가 필연적으로 생기기 마련입니다. 디버깅이 제대로 이뤄지지 않으면 프로그램 사용 중에 불편을 줄 뿐만 아니라 인명, 재난사고로까지 이어질 수 있습니다. 그만큼 디버깅은 프로그램 개발에 있어 선택이 아닌 필수적인 절차이며 매우 중요한 과정입니다.

SCRATCH

03

슈팅 스타

| 난이도 | ★★★☆☆

주요 학습 포인트   #그래픽 효과 #방향 #신호 #난수 #좌표 #변수

우리의 주인공 슈팅 스타가 점점 늘어나는 좀비들을 물리쳐가며 주어진 시간 동안 살아남는 게임입니다. 레벨 7까지 정해진 총알을 가지고 끝까지 살아남아 보세요.

작품 설명

이미지출처 : 브롤스타즈

FPS 게임이라고 불리는 1인칭 슈팅 게임이 많이 있습니다. 요즘은 대부분 3D로 제작되고 모바일용으로도 나오죠. 이런 총 슈팅 게임을 머리 위에서 내려다보는 형식인 탑뷰로 심플하게 구성하여 적들을 물리치게 합니다. 총 7단계의 레벨로 구성되어 있고 점점 적들이 강력해집니다. 모두 완성하여 미션을 클리어해 보세요.

미션용 파일(온라인) : https://scratch.mit.edu/projects/447202901/

▶ 브라우저에 다음 주소를 입력하여 접속 후 우측 상단의 '스크립트 보기' 버튼을 눌러주세요.

▶ 또는 아래 미션용 실습 파일을 다운받아 사용해 주세요. (p.7 참조)

미션용 파일	03.슈팅스타_미션용.sb3
완성용 파일	03.슈팅스타_완성본.sb3

 스크래치게임챌린지_3_슈팅스타_미션용   **↻ 스크립트 보기**

🏳 ⏹   ⤢ 사용 방법

인트로 화면에서 'Go' 버튼을 클릭해 시작합니다.

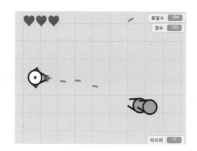

플레이어의 방향은 마우스로 움직이고, 키보드로 조종하면서 마우스를 클릭하여 총알을 발사합니다. 무기는 2가지 종류가 있습니다.

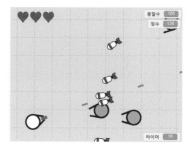

레벨마다 30초 동안 살아남아야 하고 레벨 3부터 강력한 미사일이 나오니 조심하세요. 레벨 7까지 클리어해 보세요.

 TIP   작품을 만드는 도중에 자신의 방식대로 변경해도 좋지만 주어진 지문대로 완성을 한 후 변경해 볼 것을 권장합니다.

생각 열기 변수의 활용

여러분들은 이미 앞서 만든 작품에서 여러 변수를 사용해 봤습니다. 변수는 값을 저장하는 그릇 같은 것이고, 게임에서 '점수', '생명' 등을 저장한다는 것을 알고 있습니다. 하지만, 변수는 더 다양하고 중요한 기능에 활용될 수 있는데 어떤 기능에 이 변수들이 사용되는지 같이 생각해 볼까요?

여러 상태를 구분할 때

플레이어의 무기 종류가 3가지 있다고 한다면 무기마다 특징이 있겠죠? 즉, 1번 무기일 때의 모양, 데미지, 속도 등이 있을 겁니다. 그럼, 이 '무기'를 변수로 설정하고 '무기'의 값에 따라 속성들을 결정하는 조건식을 만들어야겠죠.

특정 상태에 따라 여러 동작을 제어할 때

총 슈팅 게임에서 플레이어는 게임 도중 적의 총에 맞아 죽게 되고 부활하게 되죠. 죽을 때는 움직이거나 총을 변경할 수 없어야 하고, 이때 총알도 발사되면 안 되겠죠? 이렇게 특정한 상태일 때 여러 기능이 작동하지 않도록 하기 위해서도 변수를 사용하는데 이런 변수를 플래그 변수라고 합니다. 참인지 거짓인지만 저장하고, 이 변수의 값에 따라 여러 동작이 결정되도록 하는 구조입니다.

복제본마다 변수가 필요할 때

많은 적을 복제해서 만들었는데 이들 복제본마다 생명력을 부여하려면 어떻게 해야 할까요? 이 경우 변수를 만들 때는 반드시 '이 스프라이트에서만 사용'으로 생성해야 합니다. 그리고, 복제되었을 때 이 변수를 설정하면 복제본마다 생명력을 갖게 할 수 있답니다.

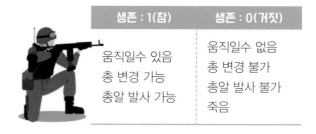

생존 : 1(참)	생존 : 0(거짓)
움직일수 있음 총 변경 가능 총알 발사 가능	움직일수 없음 총 변경 불가 총알 발사 불가 죽음

학습 포인트 동작 메뉴

동작(Motion) 메뉴에는 스프라이트를 움직이게 하는 중요한 블록들이 모여있습니다. 좌표와 움직임 그리고 방향을 결정하게 됩니다. 그중에서 가장 많이 사용하게 될 블록들을 살펴보겠습니다.

◎ 동작

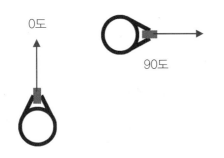

스프라이트의 기본 방향은 오른쪽 90도입니다. 위쪽은 0도이고 시계방향으로 각도가 증가합니다. '~도 방향 보기' 블록으로 방향을 변경하면 스프라이트가 그 쪽 방향을 바라보게 되고, '~만큼 움직이기'를 사용하면 그 방향으로 값만큼 움직이게 됩니다. 특정 스프라이트나 마우스의 방향을 바라보게 하려면 '~쪽 보기' 블록을 사용합니다. 마우스의 방향을 따라다니도록 하려면 '(마우스포인터) 쪽 보기'를 반복하면 됩니다.

스프라이트를 특정 좌표 위치에 배치할 때 사용하는 블록입니다. 경우에 따라 화면 좌표범위를 넘어서는 값을 입력할 수도 있습니다.

☐ x 좌표
☐ y 좌표
☐ 방향

선택된 스프라이트의 좌표와 방향을 사용할 수 있고 체크박스를 눌러 변수처럼 화면에 보이게 할 수 있습니다.

스프라이트의 방향과 상관없이 좌표값을 바꾸어 움직이게 할 때 사용하는 중요한 블록입니다. x좌표는 가로(좌우)이고, y좌표는 세로(상하)입니다. 오른쪽으로 가려면 x좌표에 +값을 주고, 왼쪽으로 가려면 –값을 줍니다. 같은 형태로 위쪽으로 가려면 y좌표를 +값을, 아래쪽으로 가려면 –값을 줍니다. 입력값은 블록이 실행될 때마다의 움직이는 범위로, 반복 안에서 이 블록을 사용할 때는 적당한 값을 주어야 합니다. 너무 큰 값을 주면 너무 빨라 반복 안의 조건 블록들이 실행되지 않을 수 있습니다.

주요 신호와 변수

이번 작품에서 사용될 주요 신호와 변수를 살펴볼까요?

주요 신호

▶ **레디** : 인트로 화면에서 보내는 신호로 배경과 소리를 변경해 줍니다.

▶ **시작** : 게임의 시작 신호입니다.

▶ **레벨업** : 레벨이 올라갈 때마다 보내는 신호입니다.

▶ **생명갱신** : '생명' 변수에 따라 하트 모양을 표시해 주기 위한 신호입니다.

▶ **대포발사** : 레벨 3부터 나오는 대포가 발사되도록 하는 신호입니다.

▶ **게임오버** : 게임 종료 신호입니다.

▶ **미션클리어** : 레벨 7을 모두 완료하면 보내는 신호입니다.

변수

▶ **레벨** : 현재 레벨을 저장합니다.

▶ **생명** : 플레이어의 생명입니다.

▶ **점수** : 점수를 저장합니다.

▶ **무기** : 현재 무기를 저장합니다. 1과 2가 있습니다.

▶ **데미지** : 현재 무기의 데미지를 저장합니다.

▶ **총알수** : 남은 총알 수를 저장합니다. 초기값은 200입니다.

▶ **타이머** : 레벨마다 주어지는 시간으로 기본값은 30입니다.

▶ **적2생명** : 적2의 복제본마다 주어지는 지역 변수로 적2 스프라이트에서만 보여집니다.

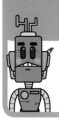
따라하기 변수 초기화하기

'배경'을 선택해서 다음과 같이 변수들을 초기화합니다. 변수를 다른 스프라이트에서 설정해도 되지만, 공통으로 사용되는 변수나 설정들은 '배경'에서 하는 것이 좋습니다. 정확하게 '정하기' 블록을 사용해서 조립하면서 어떤 변수들이 사용되는지 살펴보세요.

○ 배경

- 생명 : 생명력 3으로 시작합니다.
- 무기 : 2가지 무기를 제공하고, 초기값은 1입니다.
- 데미지 : 적에게 가하는 공격력입니다.
- 점수 : 적을 처리할 때마다 점수를 획득합니다.
- 레벨 : 레벨마다 30초가 주어지며 레벨 7까지 있습니다.
- 초1, 초2 : 적이 출현하는 빈도를 결정하는 시간 변수입니다.
- 총알수 : 플레이어의 총알 수입니다.

🤖 **TIP** '초1'와 '초2' 변수로 적들이 출현하는 간격을 정하게 됩니다. 정확히 '초1' 부터 '초2' 사이마다 적들이 출현합니다. 레벨 1에서는 1~3초 간격으로 출현하고, 레벨이 올라갈수록 간격을 줄여서 더 짧은 시간에 적들의 복제본이 생성되는 원리로 난이도를 결정하는 중요한 변수랍니다.

미션 게임 시작 신호 보내기

'시작 버튼'을 선택합니다. 시작 배경의 'Go' 이미지 버튼을 누르면 신호를 보내 게임을 시작하게 됩니다. 크기와 위치를 정한 후 크기로 그래픽 효과를 줍니다.

◎ 시작 버튼

🏴 클릭했을 때

숨기고

크기를 40%로 정한다

2초 후에 x: 0, y : −65로 이동한 후 보이게 한다

크기를 10만큼 커지게 한 후

다시 작아지게 하는 것을 0.5초 간격으로 계속 반복한다

이 스프라이트를 클릭하면

'레디' 신호를 보내고 숨긴다

 TIP 신호를 보내는 블록은 2가지가 있습니다. 하나는 '～신호 보내기'와 '～신호 보내고 기다리기'입니다. '～신호 보내기'는 신호를 보낸 후 바로 그 다음 블록을 실행하고, '～신호 보내고 기다리기'는 신호를 받은 블록들이 모두 실행될 때까지 기다렸다가 다음 블록을 실행하게 됩니다.

미션 확인 [게임 시작 신호 보내기]

시작 버튼이 나타나고 누르면 게임 화면으로 바뀌나요? 간단한 첫 번째 미션을
모두 잘 완성했을 거라 생각합니다. 인트로 화면을 본인만의 스타일로 좀 더 꾸
며보는 것도 좋습니다.

◉ 시작 버튼

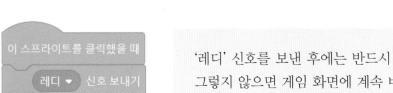

'레디' 신호를 보낸 후에는 반드시 스프라이트를 숨겨줘야 합니다.
그렇지 않으면 게임 화면에 계속 버튼이 남아있게 되겠죠.

시작 버튼이
배경 음악 리듬을
타는거 같은데?

크기를 크게 했다가 0.5초 후에 다시 원래 크기로 줄입니다. 이때 줄인 후에도 0.5초 기다려주는
것을 잊지 마세요. 다른 그래픽 효과를 줄 때도 같은 방법으로 사용할 수 있습니다. 색깔 효과,
투명도, 밝기 효과 외에도 어안 렌즈, 소용돌이, 픽셀화, 모자이크 등 재미있는 그래픽 효과들
이 있으니 한 번씩 사용해 보세요.

미션 플레이어 조종하기

Smart Mission

'플레이어' 스프라이트를 선택합니다. 플레이어를 키보드와 마우스로 조종을 할 겁니다. 키보드로 앞으로 뒤로 움직이도록 하고 마우스로 플레이어의 방향을 회전합니다. 아래 지문과 힌트 블록을 참조하여 천천히 조립해 보세요.

○ 플레이어

'시작' 신호를 받았을 때

'w'를 누르면 앞으로 5만큼 움직이고
's'를 누르면 뒤로 5만큼 움직이도록 한다

온라인 게임에서 많이 사용하는 조작 방식인건가?

'시작' 신호를 받았을 때

방향이 '마우스 포인터' 쪽을 바라보도록 한다

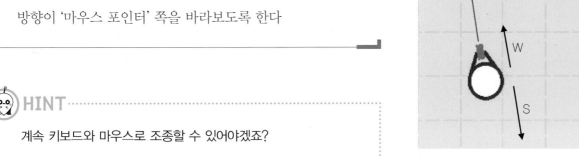

HINT

계속 키보드와 마우스로 조종할 수 있어야겠죠?

HINT

키보드로는 플레이어의 방향에 따라 앞으로 뒤로만 움직일 수 있습니다. 방향은 마우스의 위치에 따라 변하게 됩니다. 예를 들어 'w' 키를 계속 누른 상태에서 마우스를 움직이면 마우스 방향으로 계속 따라서 움직이게 됩니다.

미션 확인

플레이어가 잘 움직이나요? 키보드와 마우스로 조종할 수 있어야 하기 때문에 모두 '무한 반복' 블록 안에서 작성되어야 합니다. 다음 블록과 비교해 보고, 마우스에 따른 방향 회전의 민감도를 위한 설정도 추가해 보세요.

⊙ 플레이어

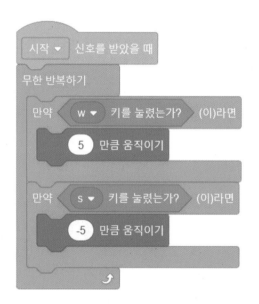

방향은 마우스가 결정함으로 앞으로 뒤로 움직이는 것만 키보드가 하게 됩니다. '~만큼 움직이기' 블록을 사용해서 양수이면 앞으로, 음수이면 뒤로 움직이게 됩니다. 만약 좌우로 움직이는 것을 추가하고 싶다면 'a'와 'd' 키로 조건을 넣어 'x좌표를 ~만큼 바꾸기' 블록을 사용해도 됩니다. 하지만, 움직임도 부자연스럽고 플레이 해보면 별 의미가 없다는 것을 알게 될 거예요.

'마우스 포인터' 쪽으로 방향 회전하는 속도가 너무 빠르다면 반복 블록 안에 '0.01초 기다리기' 블록을 추가해 보세요. 또한, 값을 변경해서 본인에게 맞는 회전 속도를 찾아보세요. 최소 단위는 0.01초랍니다.

미션 플레이어 무기 변경

우리 플레이어에게는 2개의 무기가 있답니다. 1번과 2번 키를 이용해 무기를 변경합니다. 기본이 1번 무기이고, 2번을 누르면 플레이어의 모양이 변경됩니다. 각각의 장단점은 총알이 발사되는 미션을 수행한 후 확인할 수 있습니다.

○ 플레이어

'시작' 신호를 받았을 때

모양을 '무기'로 바꾼다
'1' 키를 누르면 '무기'를 1로 '데미지'를 1로 정한다
'2' 키를 누르면 '무기'를 2로 '데미지'를 2로 정한다

HINT

계속 변경할 수 있어야 합니다.

 블록 정리하기
한 스프라이트에 블록이 많아지면 조립하다가 다른 블록들과 겹쳐 엉뚱한 곳에 블록이 추가되는 경우가 많이 생깁니다. 이럴 때 조립소 빈 곳에서 마우스 우측 버튼을 클릭하여 '블록 정리하기'를 실행해 보세요. 사용하지 않는 블록을 확인하기 쉬워지니 가끔씩 실행하는 습관을 들이는 것이 좋습니다.

되돌리기
재시도
블록 정리하기
주석 넣기

 되돌리기
블록을 잘못 조립하거나 실수로 삭제하는 경우가 반드시 생깁니다. 이런 경우에 당황하지 말고 Ctrl + Z 키를 눌러주세요. 또는 블록 정리하기처럼 마우스 우측 버튼을 눌러 '되돌리기'를 실행해도 됩니다.

미션 확인 플레이어 무기 변경

플레이어의 모양과 무기가 잘 변경되나요? 다음 확인 블록과 비교해 보세요.

● 플레이어

키를 눌렀을 때 바로 해당 무기로 모양이 바뀌어야 하기 때문에 '모양을 바꾸기' 블록도 반복 안에 들어가야 합니다. 또한, 이 블록에 변수를 넣을 수 있다는 사실을 알고 있었나요? 이 때 '무기'는 1, 2로 모양의 이름이 아닌 모양 번호를 의미합니다.

TIP **모양 번호와 이름**

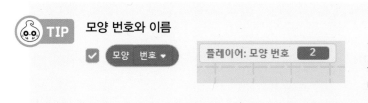

형태 메뉴에는 모양 번호와 이름을 선택할 수 있는 블록이 있습니다. 이 블록을 사용하면 모양 번호나 이름을 조건으로 만들어 사용할 수도 있고 변수처럼 체크박스를 클릭하여 실행 화면에 번호나 이름을 표시할 수 있습니다.

미션 총알 복제하기

이제 '총알' 스프라이트를 선택합니다. 마우스를 클릭하면 '무기'에 따라 총알을 복제하는 조건을 다르게 할 겁니다. 다음 주어진 지문을 보고 빈칸을 채워 완성해 보세요. 그리고, 복제되었을 때 총알이 플레이어 위치에서 보이게 하는 부분까지 지문을 따라 조립해 보세요.

○ 총알

'시작' 신호를 받았을 때

2초 후에 무한 반복 안에서
마우스를 클릭하면 아래를 모두 실행한다
'총알수'가 0보다 크면 복제하고
아니면 'Tennis Hit' 재생 후에 0.1초 기다린다
'무기'가 1이면 0.2초 기다리고, 2이면 0.1초 기다린 후
'나 자신'을 복제한다

HINT

'만약 ~ 이라면' 블록과 '만약 ~ 아니면' 블록을 주의해 조립해 보세요.

복제되었을 때

'Pew' 재생하고
'총알수'를 −1만큼 바꾼다
'플레이어'로 이동한 후 보이게 한다

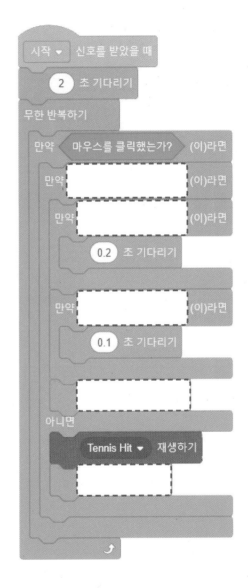

CHAPTER 03 슈팅 스타 ○93

미션 확인 　총알 복제하기

플레이어를 키보드로 움직이면서 마우스를 클릭해 총알을 복제해 보세요. 총알이 복제되어 보여지나요? 다음 블록과 비교해 보고 '총알수' 변수가 줄어드는지 확인해 보세요.

○ 총알

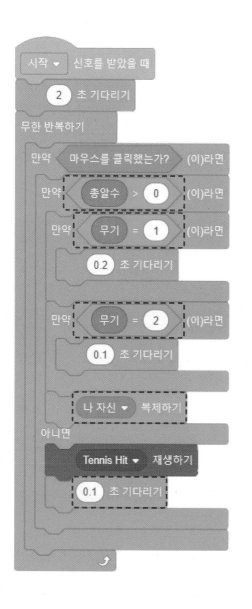

HINT

플레이어 위치에서 총알이 복제되어 보여집니다.

'총알수'가 정해져 있기 때문에 0보다 클 때만 총알이 복제되고, 0이 되면 'Tennis Hit' 소리만 나고 복제되지 않습니다. 빈 총이 발사되는 소리와 비슷하답니다. 무기가 1이면 0.2초마다 복제본을 만들고, 2이면 0.1초마다 복제본을 만듭니다. 그렇다면 무기 2가 훨씬 빨리 많이 발사되겠죠? 총알이 복제될 때마다 '총알수'를 1씩 줄입니다. 무기를 2로 변경해서 총알을 모두 사용해 보세요.

미션 총알 발사하기

★★☆

이제 총알이 발사되도록 합니다. 복제되었을 때 보이도록 한 블록에 이어서 작성합니다. 이번 미션도 '무기'에 따라 조건이 많이 들어가니 천천히 지문과 힌트 블록을 참조해서 멋지게 완성해 보세요. 직접 실행하여 총알이 플레이어가 바라보는 방향으로 '무기'에 따라 다르게 발사되는지 확인해 보세요.

○ 총알

(※)HINT

옆의 블록에 이어서 작성하세요.

만약 '무기'가 1이면
(플레이어)의 (방향)도 방향을 본다
만약 '무기'가 2이면
(플레이어)의 (방향) + (−5~5 사이의 난수)도
방향을 본다
20만큼 움직인다
'벽'이나 '적1'이나 '적2'에 닿을 때까지 아래를 반복한다
만약 '무기'가 1이면
20만큼 움직이고
'무기'가 2이면
10만큼 움직인다
반복이 끝나면
0.1초 후에 이 복제본을 삭제한다

미션 확인 총알 발사하기

총알이 잘 발사되나요? 이제 무기 1과 2의 차이를 아시겠나요? 한 번에 성공했다면 대단한 실력입니다. 아래의 블록과 비교해서 총알이 발사되는지 확인한 후에 값을 조금씩 변경해 봐도 좋습니다.

◑ 총알

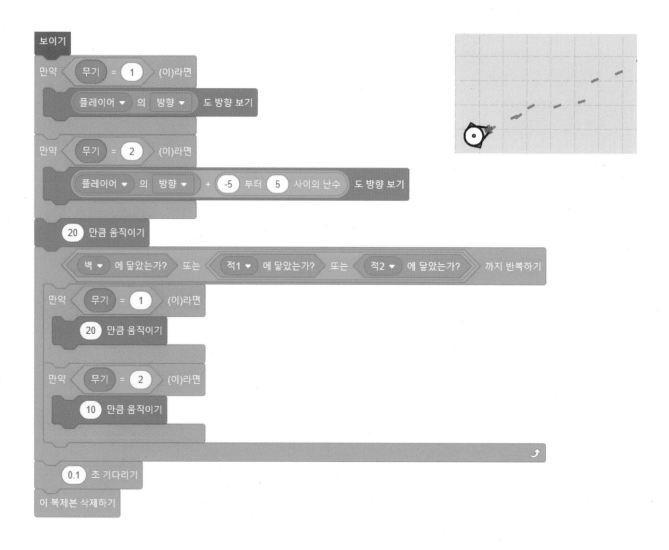

무기 1은 총알이 플레이어(마우스 포인터)의 방향으로 정확히 똑바로 앞으로 발사됩니다. 무기 2는 플레이어 방향에서 −5~5 사이 즉, 좌우로 5도 간격으로 랜덤하게 방향이 정해져 발사됨으로 정확도가 그만큼 떨어지게 됩니다. 그리고, 무기 1은 20만큼 빠르게 발사되고, 무기 2는 10만큼의 속도로 발사됩니다. 결과적으로 무기 2는 많이 발사되고 범위도 넓게 퍼지지만, 정확도가 떨어지고 총알을 빨리 소비하게 된답니다.

미션   적1 복제본 움직이기

★★★

'적1' 스프라이트를 선택합니다. 이제 적의 복제본이 나타나도록 해 볼까요? 이번 미션은 지문을 보고 주어진 블록과 다른 부분을 찾아 수정하는 디버깅 미션입니다. 블록을 따라 먼저 조립한 후에 지문을 천천히 읽고 다른 부분을 찾아 수정해 보세요.

◎ 적1

> ❗ 수정이 필요한 부분은 5군데입니다.

반복 안에서
플레이어쪽을 보고
1부터 '레벨' + 1 사이 난수만큼 움직인다
'플레이어'나 '총알'에 닿았고 x좌표가 150보다 작으면
밝기 효과를 60으로 정한 후
0.05초 후에 다시 원래값으로 되돌린다
점수를 10만큼 더하고 이 복제본을 삭제한다

> 🤖 HINT
>
> 스프라이트 원본의 밝기 값은 0입니다.

미션 확인 　적1 복제본 움직이기

미션을 잘 수행했나요? 잘못된 곳을 몇군데 찾았나요? 5개 모두 찾았다면 대단한
실력자입니다. 다음 블록과 천천히 비교해 보세요.

○ 적1

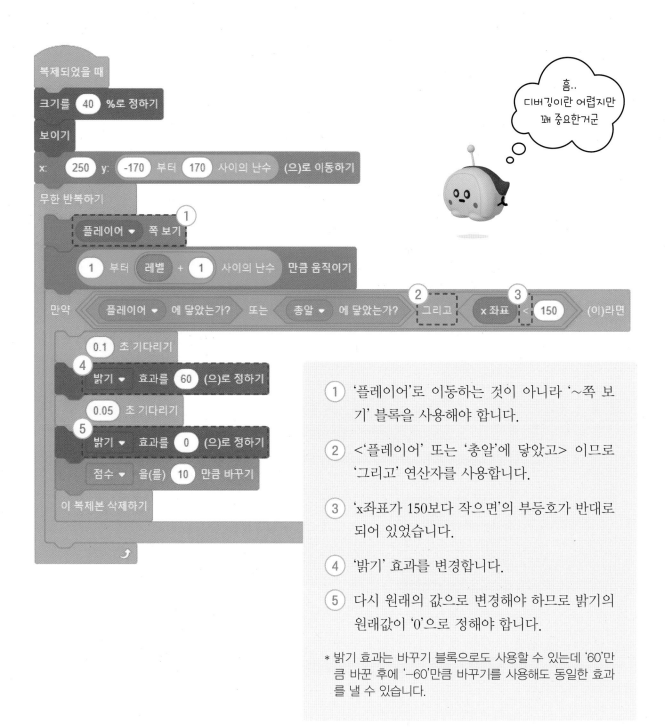

① '플레이어'로 이동하는 것이 아니라 '~쪽 보
기' 블록을 사용해야 합니다.

② <'플레이어' 또는 '총알'에 닿았고> 이므로
'그리고' 연산자를 사용합니다.

③ 'x좌표가 150보다 작으면'의 부등호가 반대로
되어 있었습니다.

④ '밝기' 효과를 변경합니다.

⑤ 다시 원래의 값으로 변경해야 하므로 밝기의
원래값이 '0'으로 정해야 합니다.

* 밝기 효과는 바꾸기 블록으로도 사용할 수 있는데 '60'만
큼 바꾼 후에 '-60'만큼 바꾸기를 사용해도 동일한 효과
를 낼 수 있습니다.

미션 플레이어가 적에 닿았을 때

다시 '플레이어'를 선택합니다. 적이 나타났으니 적에 닿았을 때 처리를 해주어야 겠죠?

○ 플레이어

'시작' 신호를 받았을 때

만약 '적1'이나 '적2'에 닿았으면
'Toy Zing'을 재생하고
'생명'을 1 줄이고 0.5초 기다린다
만약 '생명'이 1보다 적으면 '게임오버' 신호를 보낸다

 HINT

만약 블록을 사용할 경우 계속 체크를 해야할지 한 번만 처리할지 생각해야 합니다. 계속 체크를 해야한다면 반복 안에서 블록을 작성해야겠죠?
2개의 만약 블록은 같은 단계에 있어야 합니다. 즉, 만약 블록 안에 만약 블록을 넣으면 안 됩니다.

 TIP **논리 연산자 활용**
연산 메뉴의 '그리고'와 '또는' 등의 블록을 논리 연산자라고 합니다. '그리고'는 2개의 조건이 모두 참이여야 만족하고, '또는'은 2개의 조건 중 하나만 참이면 만족합니다. 이들을 여러 개 조합해서도 사용할 수 있습니다. 간단히 예를 들어볼까요? 체크가 게임을 할 수 있는 조건을 엄마에게 받았습니다. 국어나 영어 둘 중에 하나를 1시간 하고 수학은 꼭 1시간 해야 합니다. 이를 논리 연산자로 표현하면 다음과 같습니다.

미션 확인 플레이어가 적에 닿았을 때

플레이어가 적에 닿았을 때 '생명' 변수가 줄어들고, 0이 되면 게임오버가 되는지 확인해 보세요.

◆ 플레이어

변수 메뉴에서 '생명' 변수를 체크하면 무대영역에 보여집니다.

'게임오버' 신호를 보내는 조건을 '생명=0'이 아니라 '생명<1'으로 하는 이유는 짧은 시간에 많은 적에게 닿아 생명이 0 이하가 될 수 있기 때문입니다. 첫 번째 만약 블록 안에 두 번째 만약이 들어가면 안 되는데 왜 그럴까요? '적1'과 '적2'만 '생명'을 줄일 수 있다면 그렇게 해도 되지만 다른 조건에 의해 '생명'이 줄게 된다면 게임 오버를 체크할 수 없게 됩니다.

미션 레벨업 신호 보내기

이제 '배경' 스프라이트에서 레벨업하는 조건을 만들어 볼까요? '타이머' 변수가 1씩 줄어 0이 되면 다음 레벨로 가는 신호를 보내게 합니다. 주어진 블록의 구조를 참고하여 조립해 보세요.

◐ 배경

'시작' 신호를 받았을 때

'타이머'를 30으로 정한 후 무한 반복 안에서 작성한다

'타이머'를 1씩 줄이고 1초 기다린다

만약 '생명'이 0보다 크고 '타이머'가 1보다 작으면

만약 '레벨'이 7이면 1초 후에 '미션 클리어' 신호를 보내고

아니면 '레벨업' 신호를 보내고 기다린다

 HINT

'타이머'라는 변수를 30으로 정한 후에 1초마다 1씩 감소시킵니다. '만약 ~ 라면' 블록 안에 '만약 ~라면 ~아니면' 블록이 들어가는 구조입니다. '레벨업' 신호를 보낼 때 '보내고 기다리기' 블록을 사용해야 하는 것에 주의하세요.

TIP 실행 화면에서 마우스를 사용할 경우 스프라이트들이 드래그(drag)되어 동작을 방해하는 경우가 있습니다. '플레이어'나 '총알' 그리고 적 스프라이트까지 드래그되는데 이 경우에는 실행 화면 우측 상단의 '크게 보기' 아이콘을 눌러 실행하면 드래그되지 않습니다.

미션 확인 레벨업 신호 보내기

실행하여 '타이머'가 줄어들고 0이 되면 다음 레벨로 넘어가는지 확인해 보세요.

○ 배경

좋아!
이제 레벨 7까지
고고싱~

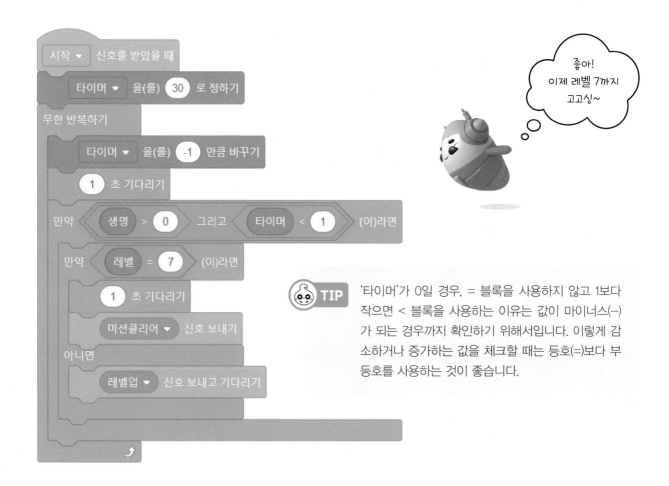

TIP '타이머'가 0일 경우, = 블록을 사용하지 않고 1보다 작으면 < 블록을 사용하는 이유는 값이 마이너스(-)가 되는 경우까지 확인하기 위해서입니다. 이렇게 감소하거나 증가하는 값을 체크할 때는 등호(=)보다 부등호를 사용하는 것이 좋습니다.

'타이머'를 감소시키는 것은 '-1만큼 바꾸기' 블록을 사용합니다. 레벨업하기 위한 조건은 '타이머'가 0이 되고 '생명'이 남아있어야 하는 조건이 모두 만족해야 하므로 '그리고' 블록을 사용합니다. '레벨'은 7이 마지막 레벨이기 때문에 7이면 '미션 클리어' 신호를 보내게 됩니다. '레벨'이 7이 아닐 때는 '레벨업' 신호를 보낸 후 다음 레벨이 시작될 때까지 기다려야 하므로 '신호 보내고 기다리기' 블록을 사용해야 합니다.

미션 적2 복제하여 나타내기

'적2' 스프라이트를 선택합니다. 적2는 생명력을 가진 강력한 적입니다. 레벨이 올라갈 때마다 생명력이 늘어나서 점점 더 강해지니 '적2'를 조심하세요. 이번 미션은 다소 복잡한 구조와 계산이 있으니 최대한 힌트를 참조하여 천천히 정확하게 조립해 보세요.

⊙ 적2

복제되었을 때

'적2생명'을 '레벨' + 6으로 정한 후

크기를 40으로 정하고

x : 250, y : −170 ~ 170 사이 난수로 이동한 후에 보이게 한다

아래를 모두 무한 반복한다

'플레이어' 쪽을 보고 1 ~ ('레벨'+1) 사이 난수만큼 움직인다

만약 '플레이어'나 '총알'에 닿았고 x좌표가 150보다 작으면

'적2생명'을 '데미지' 만큼 줄인다

HINT

다음 힌트 블록을 참조해서 조립해 보세요.

적2생명 ▼ 을(를) 레벨 + 6 로 정하기

또는 그리고

적2생명 ▼ 을(를) 데미지 × -1 만큼 바꾸기

이어서 다음과 같이 효과를 준다

0.1초 후에 밝기 효과를 60만큼 줬다가 0.05초 후에 다시 되돌린다

만약 '적2생명'이 1보다 작으면

'점수'를 100 주고 '총알수'도 10만큼 증가시킨 후에

이 복제본을 삭제한다

미션 확인 적2 복제하여 나타내기

미션이 좀 어려웠나요? 아래 블록과 천천히 비교해 보세요. 실행해서 '적2'가 나타나고 총알에 여러 번 맞으면 효과를 내다가 사라지는지 확인해 보세요. 무기 1로는 7번, 무기 2로는 4번 맞으면 사라져야 합니다.

⊙ 적2

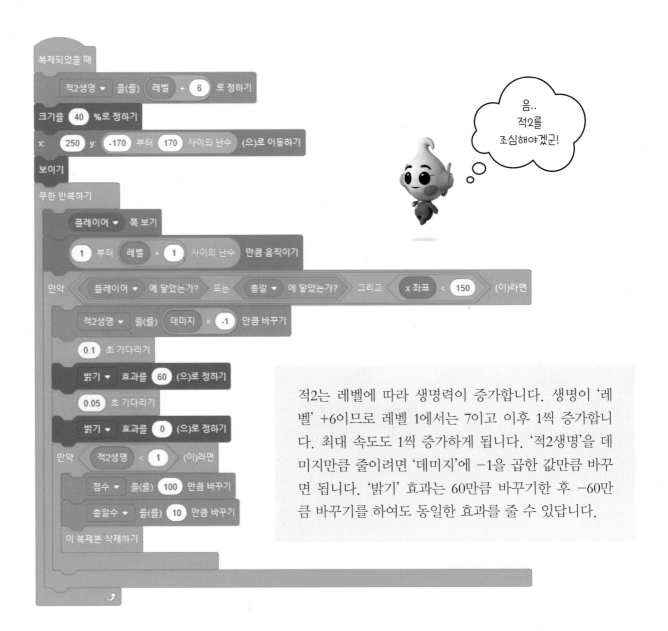

음..
적2를
조심해야겠군!

적2는 레벨에 따라 생명력이 증가합니다. 생명이 '레벨'+6이므로 레벨 1에서는 7이고 이후 1씩 증가합니다. 최대 속도도 1씩 증가하게 됩니다. '적2생명'을 데미지만큼 줄이려면 '데미지'에 −1을 곱한 값만큼 바꾸면 됩니다. '밝기' 효과는 60만큼 바꾸기한 후 −60만큼 바꾸기를 하여도 동일한 효과를 줄 수 있답니다.

미션 생명력 표시하기

'하트' 스프라이트를 선택하여 플레이어의 생명을 좌측 상단에 표시해 보겠습니다. 스프라이트의 복제본을 만들어 복제본마다 '생명력번호'를 부여하고 '생명' 변수의 값만큼 복제본이 보여지도록 합니다. 지문에 따라 빈 곳을 채워 완성하세요.

◯ 하트

'생명갱신' 신호를 받았을 때

1초 후에
'생명력번호'를 0으로 정한 후
'생명력번호'를 1씩 증가시키고
나 자신 복제하고
0.1초 기다리는 것을 '생명' 번 반복한다

```
생명갱신 ▼  신호를 받았을 때
    1  초 기다리기
    생명력번호 ▼  [          ]
    [     ]  번 반복하기
    생명력번호 ▼  [          ]
    나 자신 ▼  복제하기
    0.1  초 기다리기
```

복제되었을 때

x : −230 + ('생명력번호' × 35)
y : 152로 이동한 후 보이게 한다.
무한 반복 안에서
만약 '생명'이 '생명력번호'보다 작으면
1초 후에 이 복제본을 삭제한다

```
복제되었을 때
x:  [                    ]  y:  152  (으)로 이동하기
보이기
무한 반복하기
    만약  [                    ]  (이)라면
        1  초 기다리기
        이 복제본 삭제하기
```

미션 확인 생명력 표시하기

초기 '생명' 변수의 값은 3입니다. 화면 좌측 상단에 3개의 하트가 복제되어 보여지나요? 적에 닿았을 때 하트가 하나씩 줄어들고 레벨이 올라갈 때마다 하나씩 증가하는지 확인해 보세요.

○ 하트

각 복제본에 '생명력번호'를 부여합니다.

이쯤 되면 내가 주인공인걸 다들 알겠지?

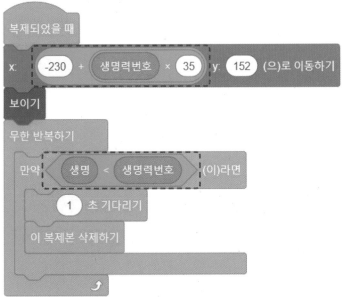

왼쪽 복제본부터 '생명력번호'를 0에서 1씩 증가시키면서 부여하고 x좌표를 −230에서 35 간격으로 증가시키면서 표시합니다. '생명'이 3에서 2로 줄어들면 '생명력번호'가 3인 복제본은 '생명'이 3보다 작기 때문에 삭제됩니다. 레벨이 올라갈 때마다 '생명'에 1을 더한 후 '생명갱신' 신호를 보내 다시 복제본을 생성하게 합니다.

미션　미사일 복제하기

레벨 **3**부터 '미사일'이 나타납니다. '미사일' 스프라이트를 선택하여 다음과 같이 **5**개의 복제본이 나타나도록 해 보세요.

○ 미사일

'시작' 신호를 받았을 [[대

'레벨'이 2보다 크면 실행한다

6초 기다린 후에 아래를 모두 2번 반복한다

'미사일Y'를 120으로 정하고

'Boom Cloud'를 재생한다

x : 250, y : 미사일Y로 이동한 후에 나 자신 복제하고

'미사일Y'를 −60만큼 바꾸는 것을 5번 반복한다

12초 기다린다

🐭 HINT

다음과 같이 블록 구성을 참조하여 블록을 조립하세요. 실행하면 6초 후에 위의 그림과 같이 우측에서 미사일 5개가 복제되어 나타난 후 플레이어 쪽을 바라 보아야 합니다. 임시로 '레벨'을 0보다 큰 조건으로 바꿔서 복제본이 나타나는지 확인해 보세요.

미션 확인

미사일 복제본 5개가 소리를 내며 등장한 후 플레이어를 바라 보나요? 자신이
작성한 블록과 다음 블록을 비교해 보세요.

◉ 미사일

```
시작 ▼  신호를 받았을 때

만약  < 레벨 > 2 > (이)라면
    6  초 기다리기
    2  번 반복하기
        미사일 Y ▼  을(를)  120  로 정하기
        Boom Cloud ▼   재생하기
        5  번 반복하기
            x:  250  y:  미사일 Y  (으)로 이동하기
            나 자신 ▼  복제하기
            미사일 Y ▼  을(를)  -60  만큼 바꾸기
    12  초 기다리기
```

```
복제되었을 때

보이기
    20  번 반복하기
        x 좌표를  -1  만큼 바꾸기
        0.1  초 기다리기
    1  초 기다리기
    플레이어 ▼  쪽 보기
    1  초 기다리기
    대포발사 ▼  신호 보내기
```

레벨마다 '시작' 신호를 보내기 때문에 '레벨'을 한 번만 체크하면 됩니다. '미사일Y'는 각 미사일
복제본의 y좌표입니다. 120부터 60 간격으로 5개의 복제본을 만들게 됩니다. 미사일들이 나타
난 후 12초 후에 다시 나타나게 되겠죠? 즉, 레벨 3부터 이 미사일들을 2번 피해야 합니다.
오른쪽의 블록은 이미 조립돼 있는 블록입니다. 복제본이 나타나서 천천히 왼쪽으로 이동하고
'플레이어' 쪽을 본 후 '대포 발사' 신호를 보냅니다.

미션 미사일 복제본 발사시키기

이제 복제된 미사일들을 플레이어쪽으로 발사시킵니다. 다음 지문을 잘 읽고 어떤 블록을 어떻게 사용해야 할지 생각해보고 천천히 조립해 보세요. 미사일을 피하지 않으면 5개의 미사일을 모두 맞아서 생명이 바로 0이 될 수 있으니 조심하세요.

○ 미사일

'대포발사' 신호를 받았을 때

'Thunder Storm'을 재생한다
이후 왼쪽 끝까지 아래와 같이 움직이도록 한 후 복제본을 삭제한다 (왼쪽 끝은 x좌표 −230으로 한다)
'레벨' + 5 만큼 움직이도록 한다
y 좌표는 −10~10 만큼 움직여 위아래로 흔들리도록 한다
'플레이어'에 닿으면 생명을 1 줄이고
'Crunch'를 재생한 후 복제본을 삭제한다

HINT

왼쪽 끝(x : −230)까지 움직이도록 하려면 '~까지 반복하기' 블록을 사용해야 합니다. 왼쪽으로 갈수록 x좌표가 감소하게 됩니다. 즉, x좌표가 −230보다 더 작아질 때까지 반복해야 합니다.

HINT

복제본을 삭제하는 블록은 2개가 필요합니다. 하나는 왼쪽 끝까지 이동했을 때 삭제해야 하고, 하나는 '플레이어'에 닿았을 때 삭제해야 합니다.

미션 확인 미사일 복제본 발사시키기

미사일들이 '플레이어' 쪽으로 발사되나요? 아래 블록과 비교해 보고 어떻게 미사일을 잘 피할 수 있을지도 생각해 보세요.

◎ 미사일

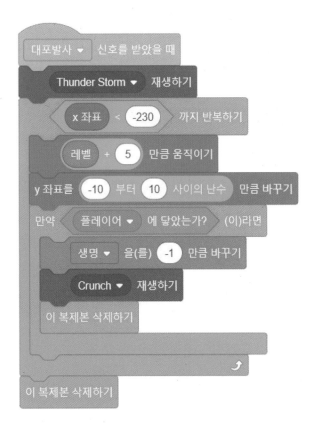

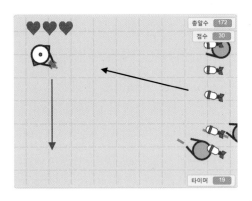

HINT 게임팁!

위쪽이나 아래쪽으로 이동한 상태에서 플레이하다가 미사일이 나타나서 '플레이어' 쪽을 바라보면 재빠르게 반대쪽으로 이동하여 쉽게 미사일들을 피할 수 있답니다.
미사일들은 한 번 방향을 정하면 그쪽으로 움직이게 되기 때문이죠.

미사일들은 '플레이어' 쪽을 바라보고 레벨에 따라 점점 빠르게 발사됩니다. 왼쪽으로 이동하면 x 좌표가 감소함으로 인해 x좌표가 왼쪽 끝 좌표(-230)보다 작을 때까지 반복하고, 오른쪽으로 이동하면 x좌표가 증가함으로 인해 오른쪽 끝 좌표보다 클 때까지 반복한다는 점을 기억해 두세요.

미션　레벨 7 미션 클리어하기

이제 모든 기능을 구현하였습니다. 레벨 7까지 모두 클리어해야겠죠? 실력으로 할 수 없다면 난이도를 조절하고, 나름의 방법으로 블록을 변경하여 클리어해 보도록 하세요 단, 다음 조건을 지키면서 블록을 변경해야 합니다. 자신만의 방법으로 변경하는 미션입니다.

변수를 수정하거나 변수 블록을 추가할 수 없다
적에게 닿았을 때 조건을 수정할 수 없다
적1, 적2, 미사일 스프라이트는 변경할 수 없다
신호를 추가 및 변경할 수 없다

HINT

그럼, 뭘 수정할 수 있는 거죠?

> '플레이어'나 '총알' 스프라이트에서 모양 등을 변경할 수 있습니다.
> 대신 '플레이어'는 화면에 보여야 합니다.

'총알'이 발사될 때마다 '총알수'가 늘어나도록 해도 되나요?
> 안됩니다. 변수 관련된 블록은 모두 변경할 수 없습니다.
> 변수를 변경할 수 있게 되면 시작하자마자 바로 클리어할 수도 있어요.

그럼 '총알' 크기를 엄청나게 크게 변경해도 되나요?
> 그럼요. 됩니다.

자신만의 방법으로 게임핵을 만들어봐도 좋아요. 하지만 너무 과하면 재미가 없겠죠. ☺

미션 확인

게임을 클리어했나요? 게임은 적당한 난이도가 있어야 재미있습니다. 이번 미션에는 정답이 없지만 몇 가지 게임핵을 알려드릴테니 따라해 보세요.

① 총알 속도 줄이기

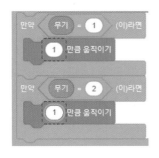

'총알' 스프라이트에서 움직임을 1로 줄여보세요. 미리 발사한 총알들은 천천히 움직여 적들을 한층 여유롭게 처리할 수 있습니다.

② 초대형 총알

총알이 복제본의 크기를 변경해서 클릭만 해도 적에게 닿을 정도로 아주 큰 총알을 만들어보세요.

③ 복제본 삭제하지 않기

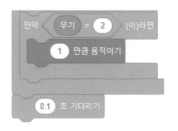

총알의 복제본을 삭제하지 않게 되면 어떻게 될까요? 각 방향으로 몇 발만 발사해 두면 지뢰처럼 적들이 와서 죽습니다. 레벨이 올라가도 그대로 남아 있게 됩니다. 미사일만 피하면 되겠죠.

챌린지 미션

▶ 다른 종류의 적 또는 미사일 등을 추가해 보세요.
▶ 좀 더 강력한 무기3을 추가해 보세요.
▶ 보스 좀비를 추가해 보세요.
▶ 2인 대결모드를 만들어 보세요.
▶ 화면에 점수, 총알수, 타이머 등의 변수를 텍스트 이미지로 표현해 보세요.

정리하기

이번 작품은 어땠나요?

나만의 작품으로 좀 더 멋지게 꾸며서 친구들에게 공유해 보세요.

어떤 부분이 재미있었고 어려웠는지 느낀 점도 함께 적어보세요.

- ☑ 스프라이트의 방향과 움직임을 마우스와 키보드로 제어할 수 있습니다.
- ☑ 특정 스프라이트에서만 사용할 수 있는 지역 변수를 이용하여 복제본마다 변수를 설정할 수 있습니다.
- ☑ 여러 신호들을 보내고 받아 이벤트들을 처리할 수 있습니다.
- ☑ 스프라이트의 다양한 그래픽 효과(모양, 크기, 색깔, 투명도)를 사용할 수 있습니다.
- ☑ 연산 메뉴의 산술 연산과 논리 연산을 이해하고 사용할 수 있습니다.

MEMO

본 문제는 수학적 사고력과 창의력을 평가하는 문제입니다.

Q 아래의 식을 잘 살펴보고 마지막 ( ) 안에 들어갈 알맞은 값을 구해 보세요.

$$1 = 5$$
$$2 = 16$$
$$3 = 29$$
$$4 = 33$$
$$5 = (?)$$

답과 함께 왜 그렇게 생각하는지 적어보세요.

정답 193 page

프로그래밍 언어란?

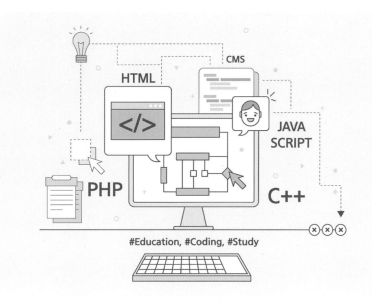

컴퓨터는 스스로 생각하거나 동작할 수 없습니다. 소프트웨어, 즉 프로그램의 명령을 통해 동작합니다. 프로그램은 컴퓨터가 이해할 수 있는 언어로 작성되어야 하는데 이런 언어를 프로그래밍 언어라고 합니다.
즉, 기계와 의사소통을 할 수 있게 해주는 언어를 뜻합니다.

프로그래밍 언어로 프로그램을 작성하는 것을 코딩 또는 프로그래밍이라고 합니다.

프로그래밍 언어는 종류가 굉장히 다양합니다.
C, C++, C#, Java, JavaScript, PHP, SQL, Python 등 용도에 맞게 여러 가지 언어가 사용되고 있습니다. 초창기에는 0과 1의 제어 신호를 사람이 직접 작성하는 형태의 기계어가 사용되었지만, 점차 사람이 작성하기 쉽고 이해하기도 쉬운 프로그래밍 언어들이 속속 등장하였습니다.

우리가 배우고 있는 이 '스크래치'도 프로그래밍 언어이긴 하지만 교육용으로 만들겠다 하여 교육용 프로그래밍 언어(Educational Programming Language)라고 부릅니다.

SCRATCH

04 리듬 터치

| 난이도 | ★★★★☆

주요 학습 포인트 #그래픽 효과 #리스트 #나만의 블록 #함수 #복제 #판단

신나는 음악에 맞춰 정확한 타이밍에 위치에 맞는 버튼을 눌러 점수를 얻는 리듬 게임입니다. 최고 레벨인 S에 도전해 보세요.

작품 설명

리듬 게임을 한 번쯤 해 보셨나요? 음악에 맞춰 리듬들이 내려오고 정확한 타이밍에 키를 눌러 점수를 얻는 음악 게임입니다. 드럼이나 피아노를 직접 치는 듯한 느낌으로 여러 장르의 곡들을 연주해 볼 수도 있죠. 이 신나는 음악 게임을 같이 만들어 보겠습니다. 이번 작품은 다소 난이도가 있으니 여유를 가지고 천천히 정확하게 미션을 수행하길 바랍니다.

○ 이미지출처 : 비트MP3

미션용 파일(온라인) : https://scratch.mit.edu/projects/447211622/

▶ 브라우저에 다음 주소를 입력하여 접속 후 우측 상단의 '스크립트 보기' 버튼을 눌러주세요.
▶ 또는 아래 미션용 실습 파일을 다운받아 사용해 주세요. (p.7 참조)

미션용 파일	04.리듬터치_미션용.sb3
완성용 파일	04.리듬터치_완성본.sb3

 스크래치게임챌린지_4_리듬터치_미션용   ↻ 스크립트 보기

⚑ ●   ⤢ 사용 방법

인트로 화면에서 'Play' 버튼을 클릭해 시작합니다.

음악에 맞춰 떨어지는 리듬(note)들이 4개의 키 위치에 도달하면 정확하게 눌러 점수를 얻습니다. 키보드의 a, s, d, f 키를 사용합니다.

음악이 종료될 때까지 생명을 유지하면 점수에 따라 최종 등급이 표시됩니다. S부터 F까지 6단계의 등급이 있습니다.

 작품을 만드는 도중에 자신의 방식대로 변경해도 좋지만, 이번 작품은 제공되는 기본 블록들이 많고 블록들의 관계가 다소 복잡하여 주어진 지문대로 완성을 한 후 변경해 볼 것을 권장합니다.

생각 열기

변수는 어떤 값을 하나만 저장할 수 있습니다. 그럼, 여러 개의 값을 저장해야 할 경우는 어떻게 해야 할까요? 예를 들어, 퀴즈 게임을 만든다고 생각해 보세요. 10개의 문제를 만든다고 하면 그 10개의 문제를 저장할 변수 10개와 답을 저장할 10개의 변수 총 20개의 변수가 필요합니다. 조건식을 만들기도 너무 복잡하고 번거롭겠죠. 이럴 때 사용하는 것이 여러 값을 저장하는 '리스트'입니다. 그럼, 어떻게 리스트를 만들고 저장하고 사용하는지 알아볼까요?

리스트는 '변수' 메뉴에 있고, 변수와 동일한 방법으로 생성합니다. 리스트는 여러 값을 저장하기 때문에 변수 블록보다 훨씬 많은 블록이 있습니다. 우선 한 가지 알아두어야 할 점은 리스트는 '순서'가 있다는 점입니다.

리스트를 생성한 후 '추가하기' 블록으로 다음과 같이 값을 추가하면 이 값은 '문제' 리스트의 첫 번째 항목(1+2)이 됩니다. 다시 또 추가하면 그 값은 두 번째 항목(2+3)이 됩니다. 쉽죠?

이렇게 추가한 리스트의 값을 가져올 때는 다음 블록을 사용합니다.

리스트의 특정 위치에 값을 추가하고 싶을 때는 이 블록을 사용합니다. 이때 주의할 점은 원래 2번째 값은 3번째로 밀려난다는 점입니다.

학습 포인트 　나만의 블록(함수)

메뉴 하단에 '나만의 블록'이라는 메뉴가 있습니다. 이 블록은 말 그대로 자신이 블록을 만들어 사용한다는 의미로 이를 '함수'라고 합니다. 이 함수는 코딩에서 상당히 중요한 개념으로 잘 이해하고 활용하면 여러분은 앞으로 뛰어난 실력의 코딩 능력자가 될 겁니다.

○ 나만의 블록

나만의 블록은 여러 블록을 하나의 블록으로 만들어 사용할 수 있습니다. 다음과 같은 그래픽 효과를 주는 블록들이 있다고 하면 이를 하나의 블록으로 만들어 대신 사용할 수 있습니다. 너무 편하지 않나요? 표시된 블록들이 '그래픽 효과'란 나만의 블록 안에 들어가 있는 것과 같다고 생각하면 됩니다. 같은 효과가 있어야 하는 곳은 앞으로 저 블록을 사용하면 되겠죠?

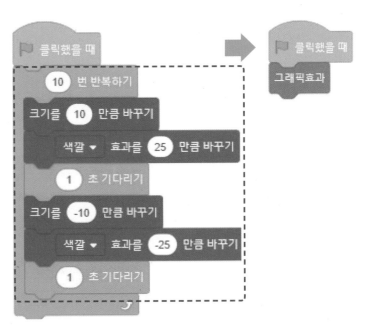

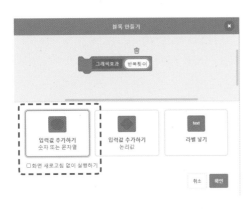

위 블록에서 만약 반복을 10번이나 20번 반복해야 하는 곳이 있다면 다음과 같이 '입력값'을 이용해 함수를 만들어 사용하면 됩니다.
여기서 주의할 점은 이 입력값 '반복횟수'를 적용될 위치에 넣어야 한다는 점입니다.

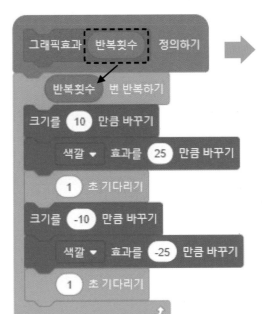

만든 함수 블록에 값을 넣어주면 그 값이 함수에 적용되게 됩니다.

주요 신호와 변수

이번 작품에서 사용될 주요 신호와 변수 그리고 리스트를 살펴볼까요?

주요 신호

▶ **START** : 게임 시작 신호입니다.

▶ **ENDGAME** : 게임 종료 신호입니다. 생명(life)이 0이 되면 신호를 보냅니다.

▶ **COMPLETE** : 음악이 종료되면 보내는 최종 미션 완료 신호입니다.

▶ **MISS** : 리듬을 놓쳤을 때

▶ **BAD** : 일찍 키를 눌렀을 때

▶ **GOOD** : 약간 일찍 키를 눌렀을 때

▶ **PERFECT** : 정확하게 키를 눌렀을 때

변수

▶ **life** : 생명 변수로 초기값은 50이고 0이 되면 게임이 종료됩니다.

▶ **score** : 점수 변수로 각 리듬마다 점수를 합산하여 최종 등급을 계산합니다.

▶ **line** : 키를 눌렀을 때 해당 위치를 저장합니다. ('LINE' 스프라이트)

▶ **note** : 리듬 복제본이 내려오는 위치를 저장합니다. ('NOTE' 스프라이트)

▶ **key** : 키를 눌렀을 때 해당 위치를 저장합니다. ('KEY' 스프라이트)

▶ **note_list** : 각 리듬(노트)의 위치가 순서대로 저장되어 있는 리스트입니다. 96개의 값이 저장되어 있습니다.

▶ **time_list** : 각 리듬이 나타날 시간이 순서대로 저장되어 있는 리스트입니다. '타이머'와 각 값들을 비교하여 복제본이 나타나도록 합니다.

 line, note, key는 모두 4개의 위치 1, 2, 3, 4를 저장하고 해당 스프라이트에서만 사용되는 지역 변수입니다.

따라하기

'PLAY' 스프라이트를 선택하여 다음과 같이 그래픽 효과를 주는 블록을 조립해 보세요.

○ Play 스프라이트

안녕~
난 호야라고 해.
그럼, 나랑 끝까지
잘 만들어 보자~
파이팅!

TIP 게임이 실행되면 2초 후에 게임 타이틀 우측에 나타나게 합니다. 마우스에 닿지 않았을 때는 깜박깜박거리며 색깔 효과를 주고 마우스를 버튼 위로 올리면 빠르게 색깔이 바뀌게 합니다. 더 멋지게 나만의 그래픽 효과를 주어도 좋습니다.

미션   게임 시작 신호 보내기

'KEY'스프라이트를 선택합니다. 화면 하단에 복제본 4개를 만들어 배치하고 a, s, d, f 키보드 버튼을 눌렀을 때 효과를 주도록 합니다. 지문을 잘 읽고 순서대로 천천히 조립해 보세요.

○ KEY

'START' 신호를 받았을 때

'key'를 0으로 정한 후 숨긴다
'key'를 1만큼 바꾸고 나자신 복제하는 것을 4번 반복한다

복제되었을 때

x : −188 + (key × 75), y : −160으로 이동한 후에 보이게 한다
아래를 무한 반복한다
만약 'key'가 1이라면
만약 'a' 키를 눌렀다면
크기를 65%로 정한 후 모양을 'PRESS'로 바꾸고
아니면 크기를 60%로 정하고 모양을 'NORMAL'로 바꾼다

 HINT

'key'가 1부터 4까지 증가하면서 복제됩니다. 각 복제본은 이 번호를 갖게 되고 x좌표는 위 계산식에 따라 −113 부터 75씩 증가하면서 배치되어야 합니다.
지금은 가장 왼쪽 키인 'a' 만 효과를 냅니다.

미션 확인 게임 시작 신호 보내기

아래 그림과 같이 화면 하단에 4개의 키가 배치되고 키보드 'a' 키를 눌렀을 때 가장 왼쪽 키의 모양이 변하는지 확인해 보세요.

○ KEY

'key'는 복제본마다 갖게 되는 번호입니다. 왼쪽부터 1, 2, 3, 4이고, 키보드 자판은 a, s, d, f로 설정합니다. 키보드를 클릭했을 때 이 키의 번호(key)와 자판이 일치할 때만 복제본의 모양을 주황색으로 변경하게 됩니다.

미션 나머지 키 동작시키기

★★☆

이제 나머지 키 3개도 눌렀을 때 동작되도록 하겠습니다. 'key'와 키보드 자판이 일치해야 하는 조건 두 가지만 다르고 나머지 블록은 동일하기 때문에 이를 나만의 블록(함수)로 만들어 사용하도록 합니다. 다음과 같은 구조로 나만의 블록을 만들어 사용해 보세요. 나만의 블록 사용법을 잘 모르겠다면 **p.120**의 학습 포인트를 다시 살펴보세요.

○ KEY

키 체크 (num) ⟨key⟩ 정의하기

만약 'key'가 (num)과 같다면
만약 ⟨key⟩ 조건이면
크기를 65%로 정하고
모양을 'PRESS'로 바꾸고
아니면 크기를 60%로 정하고
모양을 'NORMAL'로 바꾼다

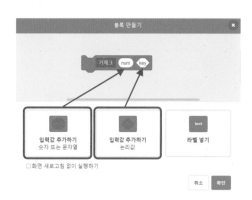

HINT

나만의 블록 첫 번째 입력값은 '숫자 또는 문자열'이고,
두 번째 입력값은 '논리값'임에 주의하세요.
기존에 작성한 코드를 복사하여 사용해 보세요.

기존 코드를 나만의 블록으로 대체한다
키체크 (1) ⟨'a' 키를 눌렀는가?⟩와 같은 형태로
2 : s , 3 : d , 4 : f를 '키체크' 함수로 추가한다

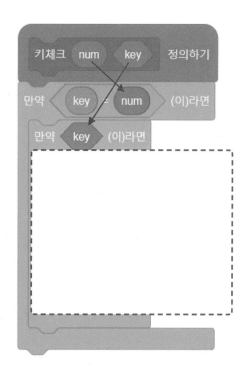

미션 확인 　나머지 키 동작시키기

이번 미션은 어땠나요? 나만의 블록(함수)의 개념을 이해하지 못했다면 어려웠을 수 있어요. 다음 블록과 비교해 보고 설명을 참조해서 앞으로도 이 효율적인 함수를 잘 활용할 수 있게 되길 바랍니다.

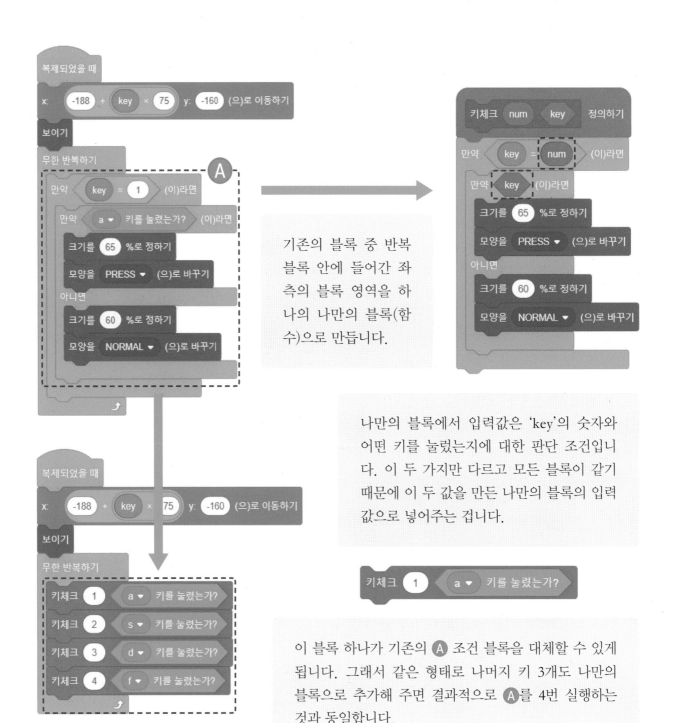

기존의 블록 중 반복 블록 안에 들어간 좌측의 블록 영역을 하나의 나만의 블록(함수)으로 만듭니다.

나만의 블록에서 입력값은 'key'의 숫자와 어떤 키를 눌렀는지에 대한 판단 조건입니다. 이 두 가지만 다르고 모든 블록이 같기 때문에 이 두 값을 만든 나만의 블록의 입력값으로 넣어주는 겁니다.

이 블록 하나가 기존의 Ⓐ 조건 블록을 대체할 수 있게 됩니다. 그래서 같은 형태로 나머지 키 3개도 나만의 블록으로 추가해 주면 결과적으로 Ⓐ를 4번 실행하는 것과 동일합니다.

미션  키 라인 효과주기

★★☆

Text mission

이제 'LINE' 스프라이트를 선택합니다. 키가 눌려지면 해당 키의 세로 라인이 그래픽 효과를 내며 보여지도록 할 겁니다. 키와 같은 형태로 **4**개의 복제본을 생성하여 제어합니다.

○ LINE

'START' 신호를 받았을 때

x : 0, y : 0으로 이동한다
맨 (뒤쪽)으로 순서를 바꾼다.
모양을 'LINE1'로 바꾸고 'line' 변수를 0으로 정한다
'line'을 1만큼 바꾸고
나 자신을 복제하고
다음 모양으로 바꾸는 것을 4번 반복한다

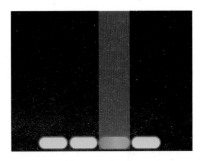

맨 뒤쪽 ▼ 으로 순서 바꾸기

 HINT

밑줄 친 3개의 블록이 반복되어야 합니다.

복제되었을 때

보이고
무한 반복 안에서 아래 모두 조립한다
투명도 효과를 100으로 정한다
만약 'line'이 1이고 'a' 키를 눌렀으면
투명도 효과를 70으로 정한다
같은 방법으로 'line'이 2이고 's' 키를
눌렀으면
'line'이 3이고 'd' 키를 눌렀으면
'line'이 4이고 'f' 키를 눌렀으면 모두
투명도 효과를 70으로 정한다

HINT

블록의 구조를 참조하세요.

미션 확인 키 라인 효과주기

키보드를 눌렀을 때 라인효과가 모두 잘 나타나나요? 아래의 블록들과 비교해 보고 투명도 값을 변경해 보거나 맨 앞쪽으로 순서를 바꾸어서 어떻게 다른지 확인해 보는 것도 좋습니다.

○ LINE

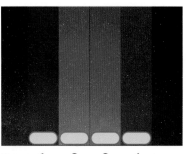

line : 1 2 3 4

투명도 효과를 100으로 정하면 보이지 않게 됩니다. 이 상태에서 복제본의 번호인 'line'과 키 자판이 일치할 경우만 투명도를 70으로 해서 투명하게 뒤에서 비치는 것처럼 보여지게 합니다. 이 조건 블록의 경우도 KEY처럼 나만의 블록을 만들어 사용할 수도 있고 '또는' 연산자로 길게 이어서 구성할 수도 있습니다.

미션 　호야 출추게 하기

이번 미션은 가볍게 우리의 주인공인 호야가 양 옆에서 춤을 추게 해볼까요? '호야' 스프라이트를 선택하여 2개로 복제한 다음 리듬에 맞춰 자연스럽게 춤추도록 해 보세요.

○ 호야

'START' 신호를 받았을 때

크기를 55%로 정하고
하나는 x : −200, y : −120 위치에서
다른 하나는 x : 200, y : −120 위치에서
나 자신을 복제한다

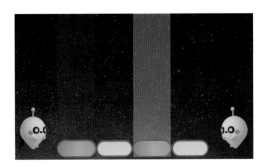

복제되었을 때

모양을 (호야1)로 바꾼 후에 보이게 한다
5초 후에
모양을 1~5 사이 난수로 바꾸고
0.3초 기다리는 것을 반복한다

 HINT

호야의 모양이 5개이기 때문에 1부터 5사이 난수 블록을 이용해 랜덤한 모양으로 바꾸는 것을 반복합니다.

미션 확인 　호야 춤추게 하기

호야가 화면 양옆에서 리듬에 맞춰 춤을 잘 추나요? 모양 탭을 눌러 호야의 모양을 복사하여 더 많은 모양을 추가해서 꾸며보세요. 빈 곳에 스프라이트를 더 추가해 봐도 좋습니다.

◎ 호야

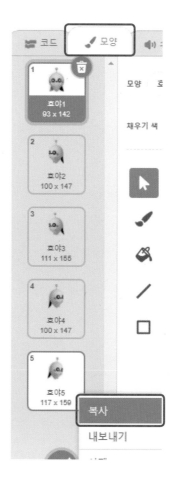

 블록 중간에 끼여있는 블록 하나 삭제하기

해당 블록을 마우스로 클릭한 후에 Delete 키를 눌러보세요. 키보드에 따라 위치가 다르고 [Del] 이라고 표시되어 있을 수도 있습니다.

미션 노트 복제하여 표시하기

이제 'NOTE' 스프라이트를 선택합니다. 이번 작품에서 가장 중요한 위에서 아래로 떨어지는 노트를 복제하여 표시할 겁니다. 노트(note)란 우리가 흔히 알고 있는 노트북의 노트이고, 음악 악보에서는 음의 장단과 고저를 나타내는 기호 즉, 음표를 의미합니다. 다소 복잡해 보여 실수할 수 있으니 힌트 블록을 참조하여 천천히 정확하게 조립해 보세요.

○ NOTE

'START' 신호를 받았을 때

크기를 60%로 정하고 5초 기다린다
'number'를 0으로 정하고
타이머를 초기화한다
'number'를 1만큼 바꾸고
나 자신을 복제하는 것을
('note_list'의 길이)번 반복한다

타이머 초기화

note_list 의 길이

복제되었을 때

보이고
'note'를 ('note_list'리스트의 'number'번째 항목)로 정한다
x좌표를 −188 + ('note' × 75)로 정한다

HINT

'note_list'는 note의 순서 정보(1, 2, 3, 4)가 저장되어 있는 중요한 리스트입니다. 'number'는 note_list의 각 값의 순서이고, 'note'는 각각의 노트 복제본입니다.

미션 확인   노트 복제하여 표시하기

노트의 복제본들이 아래 그림처럼 보이나요? 리스트와 변수가 많이 나와 이해가
잘 되질 않는다면 천천히 블록과 설명을 보고 이들 관계를 이해한 후에 다음 미션
을 수행하길 바랍니다.

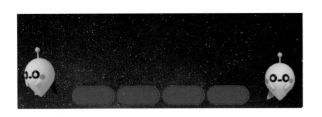

'note_list' 리스트를 클릭하면 위와 같이 96개의
note 정보가 들어있는 것을 볼 수 있습니다. 즉, 96
개의 노트들이 각 위치에서 내려온다는 의미입니
다. 타이머의 값에 따라 움직이게 할 것이기 때문
에 타이머를 초기화한 후에 96개의 복제본을 만들
게 됩니다. 이 때 1씩 증가하는 'number'는 각 노트
복제본의 번호가 됩니다.

복제본이 생성되면 각 복제본의 위치가 'note_list'
의 'number' 번째 항목이 되고 이 값은 'note' 변수
에 저장됩니다.
이 'note'값에 따라 x좌표 위치를 잡게 됩니다.
1이면 −113, 2이면 −38, 3이면 37, 4이면 112가 되
겠죠.

미션 노트 떨어지게 하기

이제 복제된 노트들을 위에서 아래로 떨어지도록 해야겠죠? 이번엔 'time_list'의 값들과 타이머를 이용해서 복제본들을 움직이도록 할 겁니다. 앞서 조립한 블록을 살짝 변경한 후 이어서 지문을 잘 읽고 조립해 보세요. time_list에는 note_list와 같은 수만큼 시간 정보가 저장되어 있습니다.

○ NOTE

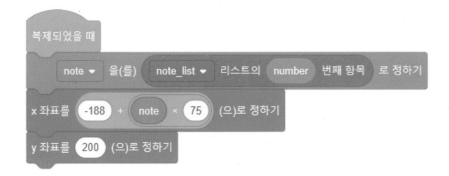

 HINT

위와 같이 기존의 블록에서 보이기 블록을 빼고 y좌표의 시작점을 정한 후 이어서 조립해 보세요.

(타이머)가 'time_list' 리스트의 'number' 번째 항목보다 클 때까지 기다린 후에 보이게 한다

y좌표가 아래 끝까지 내려올 때까지 y좌표를 아래로 5만큼씩 바꾼다

(아래 끝의 좌표는 −175로 한다)

다 내려온 후에는 'MISS' 신호를 보내고 복제본을 삭제한다

 HINT

이번 미션은 지문을 읽고 어떻게 동작시켜야 할지 조금 생각해서 조립해야 하는 스마트 미션입니다. y좌표를 아래로 움직이게 하려면 어떻게 값을 줘야 하고, 아래 끝의 좌표와 y좌표를 어떻게 비교해야 할지 생각해 보세요.

미션 확인 노트 떨어지게 하기

이번 미션은 노트를 내려오게 하는 가장 중요한 미션 중 하나였습니다. 좀 어려웠나요? 노트 복제본들이 음악 리듬에 맞게 아래로 떨어지는지 아래 블록과 비교해서 확인해 보세요.

⊙ NOTE

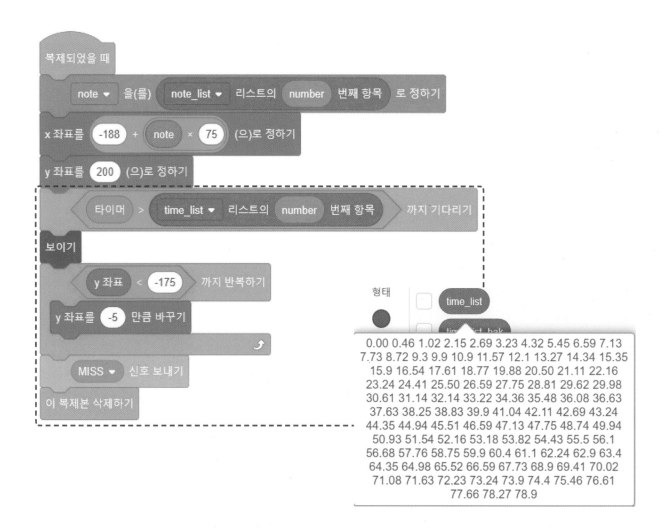

이번 미션 전까지의 블록은 노트가 note_list의 값대로 1, 2, 3, 4 중 어느 위치인지 체크하여 위쪽 (y : 200)에 배치하는 부분이었습니다. 이제 노트를 내려오게 해야 하는데 그 기준이 time_list의 값입니다. time_list 리스트에는 각 노트가 나올 시간이 저장되어 있습니다. 그래서 타이머가 그 시간보다 클 때까지 기다렸다가 보이게 하는 겁니다. y좌표가 −175보다 작으면 노트를 놓친 것으로 간주하고 'MISS' 신호를 보낸 후 복제본을 삭제합니다.

미션 판정 함수(나만의블록) 만들기

키보드의 자판을 눌렀을 때 해당 노트의 위치에 따라 점수를 주는 '판정' 함수를 만들어 보겠습니다. 'y위치'를 입력값으로 받아 값의 범위에 따라 'BAD', 'GOOD', 'PERFECT' 신호를 보내게 합니다.

◎ NOTE

HINT

'y위치' 입력값은 '숫자 또는 문자열' 입니다.

위와 같이 나만의 블록을 생성한 후 이어서 조립한다

만약 'y위치'가 −130 ~ −139이면 'BAD' 신호를 보내고 이 복제본을 삭제한다

같은 방식으로 'y위치'가 −140 ~ −149이면

'GOOD' 신호를 보내고 이 복제본을 삭제한다

'y위치'가 −150 ~ −164이면

'PERFECT' 신호를 보내고 이 복제본을 삭제한다

HINT

y 위치의 범위는 −(마이너스) 임을 주의하세요. −130 ~ −139의 범위를 나타내려면 −129보다 작고, −140보다 커야 합니다.

미션 확인 판정 함수(나만의블록) 만들기

'판정' 함수(나만의 블록)를 잘 완성하였나요? 함수만 정의했을 뿐이므로 아직 동작하지 않습니다. 함수를 호출 즉, 만든 나만의 블록을 사용해야 동작한답니다. 먼저, 아래 블록과 비교해서 정확하게 조립해 보세요.

⊙ NOTE

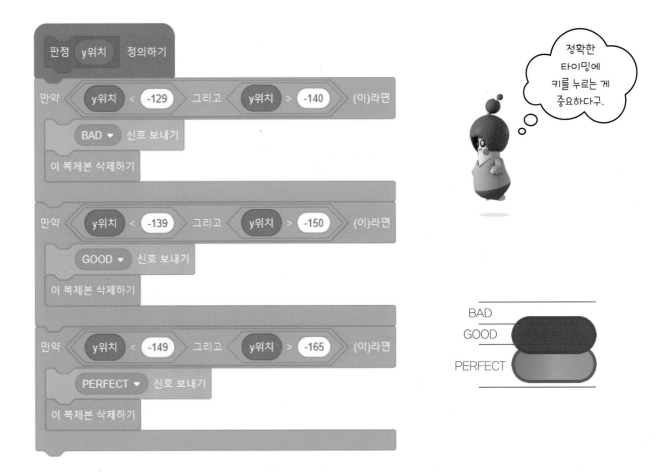

정확한 타이밍에 키를 누르는 게 중요하다구.

BAD
GOOD
PERFECT

나만의 블록에서 'y위치'는 노트 복제본의 y좌표를 의미합니다. 그래서 판정 함수가 호출되는 시점에서 노트의 y위치에 따라 각 3개의 신호를 보내게 됩니다. key 스프라이트와 거의 일치하는 위치인 −150 ~ −164 위치에서 'PERFECT' 신호를 보내고, 조금 위에서 눌렀다면 'GOOD' 신호를 보내고, 더 위에서 눌렀다면 'BAD' 신호를 보냅니다. 'PERFECT' 위치보다 더 밑으로 내려가게 되면 놓친 것으로 판단하여 'MISS' 신호를 보냅니다. 이 'MISS' 신호는 이전 미션에서 노트 복제본을 삭제하기 전에 실행하도록 했었습니다.

미션 노트별 등급 처리하기

이제, 만든 '판정' 함수를 사용하여 키를 눌렀을 때 노트별로 등급(점수)을 처리하는 효과를 줄 차례입니다.

NOTE

복제되었을 때

만약 'a' 키를 눌렀고 'note'가 1이면
'판정 (y좌표)' 블록을 실행한다
같은 방법으로
's' 키를 눌렀고 'note'가 2이면
'd' 키를 눌렀고 'note'가 3이면
'f' 키를 눌렀고 'note'가 4이면
모두 '판정 (y좌표)' 블록을 실행한다

HINT

위 조건식은 언제 키를 누를 지 계속 체크해야 하기 때문에 무한 반복 블록 안에 있어야 합니다. 첫 번째 조건은 'a' 키를 눌렀고, 노트 복제본의 위치인 'note'가 1이라는 조건이 모두 참이여야 하기 때문에 '그리고' 블록을 이용해야 합니다.

TIP 모니터의 해상도에 따라 간혹 기본모드에서 스프라이트 영역 아래 부분이 보이지 않아 선택을 할 수 없는 경우가 있습니다. 이럴 때는 실행창 상단의 '작은 화면 모드' 버튼을 눌러보세요. 스프라이트 목록들이 일렬로 표시되어 모든 스프라이트들을 선택할 수 있게 됩니다.

미션 확인 노트별 등급 처리하기

모두 잘 처리 했겠죠? 이제 게임을 즐겨볼까요? 떨어지는 노트를 정확한 타이밍에 정확히 눌러 보세요. 'PERFECT' 등급이 생각보다 어렵답니다.

○ NOTE

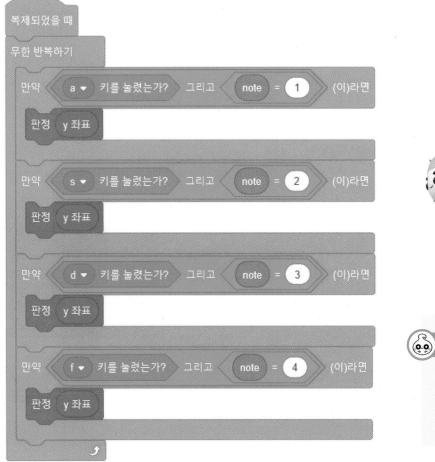

모두 'PERFECT'로 신기록을 세워주지 하하.

TIP 'PERFECT'를 받기 너무 어렵다면 '판정' 함수의 'y위치' 입력값의 범위를 조절하면 됩니다.

'판정' 함수를 호출하는 위 4개의 조건을 '또는' 연산자로 이어서 길게 만들 수도 있습니다. 하지만, 보기도 힘들고 수정하다가 실수할 수도 있겠죠.

미션 최종 등급 처리

이제 'GRADE' 스프라이트를 선택합니다. 음악이 종료될 때까지 생명을 유지하면 최종
등급을 받을 수 있습니다. 음악이 끝나면 'COMPLETE' 신호를 보내 점수에 따라 등급을
계산하여 표시해 줍니다. 등급은 S부터 F까지 총 6단계가 있습니다.

⊙ GRADE

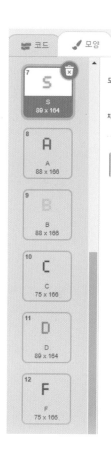

'COMPLETE' 신호를 받았을 때

'이 스프라이트에 있는 다른 스크립트'를 멈추고 숨긴다

x : 10, y : −35로 이동하고 크기를 75%로 정한 후

'Drum Roll2'를 재생한 후에 보이게 한다

모양을 7 ~ 12 사이 난수로 바꾸는 것을 50번 반복한다

만약 'score'가 7000 이상이면 'Cheer'를

아니면 'Gong'을 재생한다

'score'의 점수에 따라 아래 모양으로 바꾼다

'score'가 8500 이상이면 'S' 모양으로

7000 ~ 8499 사이면 'A' 모양으로

4500 ~ 6999 사이면 'B' 모양으로

3000 ~ 4499 사이면 'C' 모양으로

2000 ~ 2999 사이면 'D' 모양으로

2000 보다 작으면 'F' 모양으로 바꾼다

HINT

'score'와 값과의 부등호의 관계를 잘 생각해 보세요. 'A' 등급의 조건인 7000 ~ 8499의 경우 7000 이상이므로
'score'가 6999보다 커야 하고 8499까지이므로 8500보다 작아야 합니다. 이 두 조건이 모두 참이어야하므로
'그리고' 연산자를 사용해야 합니다.

미션 확인 최종 등급 처리

블록이 다소 길어 복잡해 보이긴 하지만 구조 자체는 그렇게 어렵지 않답니다. 천천히 자신이 작성한 블록과 비교해 보세요.

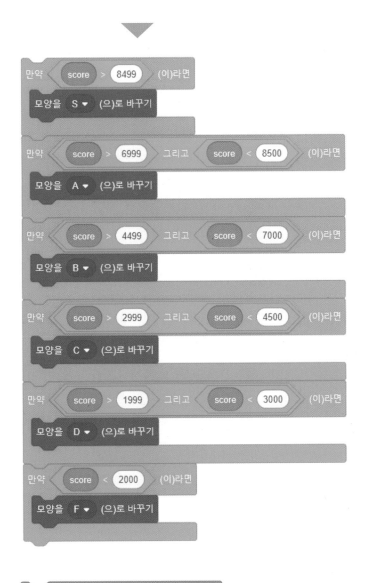

```
COMPLETE ▼ 신호를 받았을 때
멈추기 이 스프라이트에 있는 다른 스크립트 ▼
숨기기
x: 10 y: -35 (으)로 이동하기
크기를 75 %로 정하기
Drum Roll2 ▼ 재생하기
보이기
50 번 반복하기
  모양을 7 부터 12 사이의 난수 (으)로 바꾸기
만약 score > 6999 (이)라면
  Cheer ▼ 재생하기
아니면
  Gong ▼ 재생하기
```

블록이 순서대로 실행되어야 하므로 화면의 두 블록 묶음은 연결하여 조립해야 합니다. 최종 등급을 테스트하기 위해 시작 신호 아래에 다음 블록을 임시로 연결하여 각 등급 조건을 테스트해 보세요.

```
만약 score > 8499 (이)라면
  모양을 S ▼ (으)로 바꾸기

만약 score > 6999 그리고 score < 8500 (이)라면
  모양을 A ▼ (으)로 바꾸기

만약 score > 4499 그리고 score < 7000 (이)라면
  모양을 B ▼ (으)로 바꾸기

만약 score > 2999 그리고 score < 4500 (이)라면
  모양을 C ▼ (으)로 바꾸기

만약 score > 1999 그리고 score < 3000 (이)라면
  모양을 D ▼ (으)로 바꾸기

만약 score < 2000 (이)라면
  모양을 F ▼ (으)로 바꾸기
```

```
score ▼ 을(를) 8500 로 정하기
```

미션 생명바 효과주기

'LIFEBAR' 스프라이트를 선택합니다. 화면 좌측 상단에 'life' 변수 값에 따라 생명 바가 표시되도록 합니다. 'life' 변수는 초기값이 50에서 시작하여 40 이하로 떨어지면 빨간색으로 변하고, 100이 되면 무지색으로 알록달록한 효과를 주도록 합니다. 이번 미션은 디버깅 미션으로 지문과 다른 부분을 찾아 수정해야 합니다.

◯ LIFEBAR

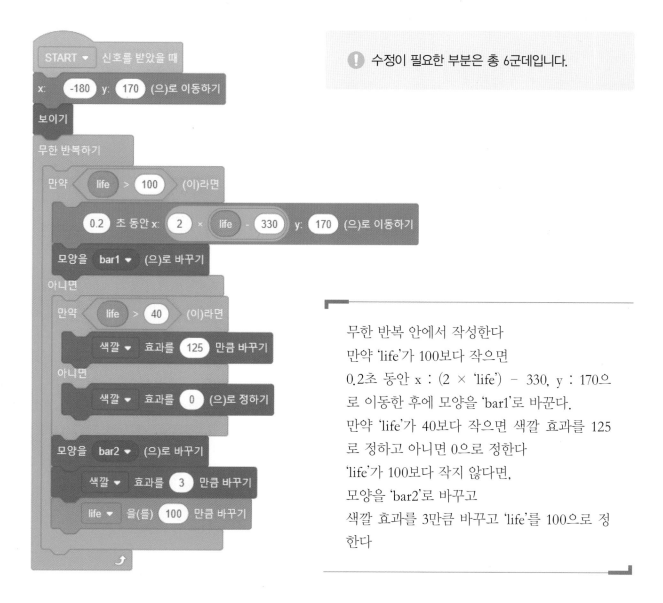

❗ 수정이 필요한 부분은 총 6군데입니다.

무한 반복 안에서 작성한다
만약 'life'가 100보다 작으면
0.2초 동안 x : (2 × 'life') - 330, y : 170으로 이동한 후에 모양을 'bar1'로 바꾼다.
만약 'life'가 40보다 작으면 색깔 효과를 125로 정하고 아니면 0으로 정한다
'life'가 100보다 작지 않다면,
모양을 'bar2'로 바꾸고
색깔 효과를 3만큼 바꾸고 'life'를 100으로 정한다

 HINT

반복문 안에서 첫 번째 조건은 'life'가 100보다 작은지 아닌지에 따른 구분입니다. 100보다 작으면 모양이 bar1이고 아니면 bar2 모양(무지개색깔)이 됩니다. 그럼, 두 번째 조건이 어디에 있어야 할 지 생각해 보세요.

미션 확인 | 생명바 효과주기

6개 모두 찾아서 잘 수정했나요? 잘 하셨습니다. 블록의 구성과 부등호와 연산의 이해가 필요한 미션이었습니다. 'life' 변수를 보이게 해서 값에 따라 생명바가 어떻게 변하는지 확인해 보세요.

◎ LIFEBAR

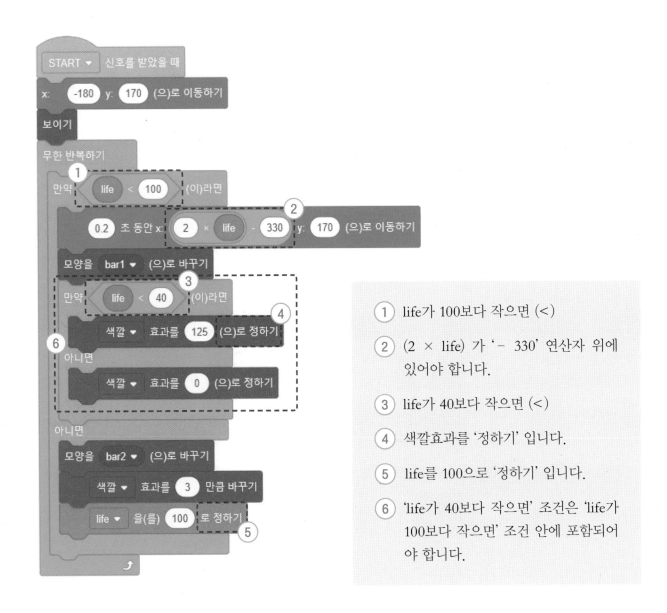

① life가 100보다 작으면 (<)

② (2 × life) 가 '- 330' 연산자 위에 있어야 합니다.

③ life가 40보다 작으면 (<)

④ 색깔효과를 '정하기' 입니다.

⑤ life를 100으로 '정하기' 입니다.

⑥ 'life가 40보다 작으면' 조건은 'life가 100보다 작으면' 조건 안에 포함되어야 합니다.

미션 점수 표시하기

★★☆

이제 마지막 미션입니다. 'SCORE' 스프라이트를 선택합니다. 화면 우측 상단에 'score' 변수를 이용하여 이미지로 점수를 표시해 보도록 하겠습니다. 스프라이트 모양 탭을 눌러 1부터 9까지의 숫자 이미지 모양이 있는 것을 확인해 보세요. 지문을 보고 빈칸에 맞는 블록을 조립하는 미션입니다.

○ SCORE

---

① 'score_num'을 ('score'의 길이)로 정한다

② ('score'의 길이)번 반복한다

③ 모양을 ('score'의 'score_num' 번째 글자)로 바꾼다

④ 'score_num'을 1씩 감소시킨다.

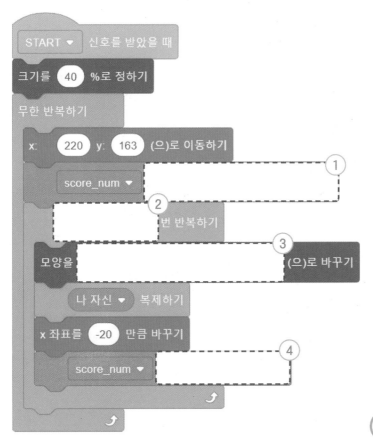

HINT

'연산' 메뉴를 잘 살펴보세요.

미션 확인 점수 표시하기

실행하여 우측 상단에 점수가 그림과 같이 잘 표시되는지 확인해 보세요. 변수의 값을
복제본 이미지로 표현하는 유용한 기능이니 아래 설명을 잘 읽고 앞으로도 활용해 보시
기 바랍니다.

1번째 글자   3번째 글자

2번째 글자

'score'는 점수 변수입니다.
'score_num'은 각 글자의 순서
입니다. 위 그림을 예로 들면
'score'의 길이는 3이 되고 길이
(3)만큼 각각 1, 2, 3 번째 글자
를 복제합니다.

그럼, 복제본은 언제
삭제할까요? 0.2초 간
격으로 복제본을 보였
다가 삭제하는 블록으
로 점수가 자연스럽게
변하는 것처럼 보이도
록 해 줍니다.

처음 글자 순서를 거꾸로 3번째부터
복제합니다. 모양을 3번째 글자인 '5'
로 바꿔 복제를 합니다. 그 이후 x
좌표를 −20만큼 바꿔 왼쪽으로 옮
기게 하고 순서(score_num)를 1 줄
여 그 다음 2번째 글자를 같은 방법
으로 복제하여 표시합니다. 이런 식
으로 하면 자릿수에 상관없이 숫자
를 이미지로 표시할 수 있게 됩니다.

* 'score_num'을 1부터 시작해서 반대로 1
  씩 증가시키면서 복제해도 동일한 효과
  를 줍니다.

미션   인공지능 플레이어 만들기

이제 모든 기능을 구현하였지만 **S** 등급이나 만점인 **9600**점을 얻는 것은 상당히 어렵습니다. 그래서 우리는 자동으로 완벽하게 연주하는 인공지능 플레이어를 만들어 보겠습니다. 여러 방법이 있을 수 있습니다. 자신만의 방법으로 지문을 참조해서 멋지게 완성해 보세요.

① 노트가 내려오면 정확한 위치에서 '판정' 함수를 호출하여 모든 노트에 대해 'PERFECT' 등급을 받아야 한다

② 판정 시 해당되는 'KEY'가 눌려지는 효과를 내야 한다

③ 판정 시 해당되는 'LINE'이 켜져야 한다

HINT

단지, 점수와 최종 등급 변수를 바꿔서 결과만 S와 9600점을 받는 것이 아니라 게임 전체가 자동으로 여러분이 연주할 때와 동일하게 작동되어야 합니다.

HINT

▶ 'NOTE'에서 '판정' 함수를 호출하는 조건을 변경해 보세요.
▶ 'auto'라는 변수를 추가하여 key 대신 변수를 활용하여 'KEY'와 'LINE'을 동작 시켜 보세요.
▶ 이 변수를 'NOTE'에서 설정하여 'LINE'에서는 'line' 변수와 'KEY'에서는 'key' 변수와 비교하도록 해 보세요.

미션 확인 인공지능 플레이어 만들기

인공지능 플레이어를 완성했나요? 대단한 실력입니다. 앞서 말했듯이 이번 미션은 여러 방법이 있을 수 있습니다. 주어진 조건대로 자동으로 플레이 된다면 성공입니다. 아래를 참조해서 본인의 블록과 비교해 보세요.

① 'NOTE'의 판정 조건 변경

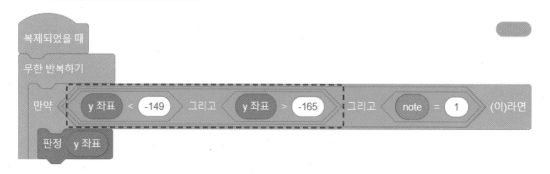

'NOTE' 스프라이트에서 '판정' 함수를 호출하는 조건의 '키를 눌렀는가' 조건 대신 'PERFECT' 신호 조건인 y좌표 위치로 변경합니다. 이것만으로 만점을 받을 수 있습니다.

② 'auto' 변수 추가 및 설정

③ 'KEY' 효과 주기

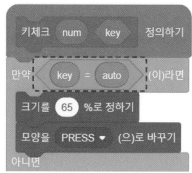

하지만, KEY가 눌려지고 LINE이 효과를 주는 부분이 없어 플레이어가 연주하는 것처럼 보이지 않죠. 'auto'라는 변수를 추가하고, 'PERFECT' 신호를 보내는 부분에 다음과 같이 'auto'를 'note'로 수정한 후 키 조건을 다음과 같이 변경합니다.

④ 'LINE' 효과 주기

정리하기

이번 작품은 어땠나요?
나만의 작품으로 좀 더 멋지게 꾸며 친구들에게 공유해 보세요.
어떤 부분이 재미있었고 어려웠는지 느낀 점도 함께 적어보세요.

☑ 신호를 이용해 다른 스프라이트에게 보내고 받을 수 있습니다.

☑ 여러 값들을 저장하는 리스트를 이해하고 관련된 블록을 사용할 수 있습니다.

☑ 스프라이트를 복제하여 여러 복제본을 제어할 수 있습니다.

☑ 여러 블록을 하나의 블록으로 만들어 주는 나만의 블록(함수)를 이해하고 정의하여
   사용할 수 있습니다.

☑ 변수를 활용한 산술 연산 및 논리 연산을 이해하고 사용할 수 있습니다.

MEMO

코딩 퀴즈

본 문제는 수학적 사고력과 창의력을 평가하는 문제입니다.

Q 다음 주어진 계산식에서 숫자 하나만 옮겨서 올바른 식을 만들어 보세요.
기호가 아닌 하나의 숫자만 옮길 수 있으며 완전한 계산식이 되어야 합니다.
* 하나의 숫자란 0~9 사이 하나의 숫자를 의미합니다.

$$52 - 2 = 23$$

답과 함께 왜 그렇게 생각하는지 적어보세요.

정답 193 page

산업혁명

- 1차 산업혁명 : 증기기관 (기계화 혁명)

  18세기 중반 영국에서 일어난 1차 산업혁명은 증기기관의 등장으로 공장이 생기고, 인간의 노동을 기계가 대신 하는 공업이 시작되면서 발전하게 됩니다.

- 2차 산업혁명 : 전기 에너지 (에너지 혁명)

  19~20세기 초반 주 에너지원이 석탄에서 전기와 석유 에너지로 변화해가며 철강, 자동차, 기계의 발달로 대량생산이 이루어지는 산업혁명이 시작됩니다.

- 3차 산업혁명 : 컴퓨터와 인터넷 (디지털 혁명)

  20세기 후반으로 들어서며 컴퓨터가 보급화되고, 인터넷을 중심으로 디지털 혁명, 정보화 시대인 3차 산업혁명을 맞이합니다.

- 4차 산업혁명 : 인공지능(초 연결, 초 지능혁명)

  여러 산업을 융합하여 사물인터넷(IoT), 인공지능(AI) 등을 발전시켜 훨씬 편리하게 인간의 산업 생산활동 역할을 대체하는 사회를 뜻합니다. 지금도 진행 중인 4차 산업혁명의 주요한 요소는 지금 우리가 배우고 있는 코딩과 밀접한 관련이 있습니다. 그 이유는 인공지능 및 기타 관련 기술들이 모두 코딩으로 만들어지는 소프트웨어를 기반으로 하고 있기 때문입니다.

| 난이도 | ★★★★★

주요 학습 포인트 #나만의 블록(함수) #복제 #이벤트 #복합 연산

2대의 탱크가 각자 자신의 진영에서 주어진 시간 안에 한 번씩 각도와 파워를 조절하여 대포를 발사하는 턴제 방식의 2인용 게임입니다.

작품 설명

여러분들은 '포트리스'라는 게임을 들어보셨나요? 포트리스는 1999년에 출시되며 선풍적인 인기를 끌었던 온라인 탱크 게임으로, 그 당시에 이 게임을 모르는 사람이 없었을 정도로 아주 유명한 게임이었습니다. 자신의 턴에 탱크를 움직이고, 각도와 파워를 조절하여 상대방 탱크를 맞추는 턴제방식의 게임으로 심플하게 재구성하여 만들어 보도록 하겠습니다.

미션용 파일(온라인) : https://scratch.mit.edu/projects/447215370/

▶ 브라우저에 다음 주소를 입력하여 접속 후 우측 상단의 '스크립트 보기' 버튼을 눌러주세요.
▶ 또는 아래 미션용 실습 파일을 다운받아 사용해 주세요. (p.7 참조)

미션용 파일	05.캐논배틀_미션용.sb3
완성용 파일	05.캐논배틀_완성본.sb3

스크래치게임챌린지_5_캐논배틀_미션용   ↻ 스크립트 보기

                              사용 방법

인트로 화면에서 'START' 버튼을 클릭해 시작합니다.

자신의 턴이 돌아오면 10초간 방향키를 이용해 좌우로 움직이면서 대포 각도를 조절하고 '스페이스' 키로 파워를 결정하여 포탄을 발사합니다.

어느 한쪽 탱크의 에너지가 모두 떨어지면 게임이 종료되고 승패결과를 표시합니다.

 작품을 만드는 도중에 자신의 방식대로 변경해도 좋지만 이번 작품은 제공되는 기본 블록들이 많고 블록들의 관계가 다소 복잡하여 주어진 지문대로 완성을 한 후 변경해 볼 것을 권장합니다.

생각 열기

우리는 신호와 특정 상태를 저장하는 플래그 변수를 이미 알고 있습니다. 이를 이용해서 두 스프라이트가 번갈아가면서 작동하도록 하려면 어떻게 해야할까요? 야구 게임을 만든다고 생각해 봅니다. 투수가 공을 던지고 타자가 스윙을 하는데 투수가 공을 던질 때는 타자는 스윙을 할 수 없고, 타자가 스윙을 할 때는 투수는 공을 던질 수 없도록 해야합니다. 어떻게 하면 될까요?

먼저, 사용할 변수를 생각해 봅니다.
투수가 공을 던졌는지를 결정하는 '투구' 플래그 변수,
타자가 스윙을 했는지를 결정하는 '스윙' 플래그 변수
이 변수들은 1이면 참, 0이면 거짓으로 합니다.
그리고, 2개의 신호를 사용합니다.
투수가 공을 던졌을 때 타자에게 알려주는 '던졌다' 신호,
타자가 공을 쳤을 때 투수에게 알려주는 '쳤다' 신호

이제 이들 신호와 변수를 가지고 조건을 따져봐야 합니다.
투수가 공을 던질 수 있는 조건은
'투구' 변수가 0이고(안 던졌고) '스윙' 변수가 0이고(안 쳤고) 입니다.

타자가 스윙을 할 수 있는 조건은
'던졌다' 신호를 받았을 때와 '스윙' 변수가 0일 때입니다.

자, 그럼 만들어진 조건으로 어떻게 동작을 하는지 정리해 볼까요?

학습 포인트 중력 효과

이번 작품의 주요한 핵심 기능은 대포를 각도와 파워에 따라 자연스럽게 포물선을 그리며 발사시키는 것입니다. 이 기능을 구현하려면 각도에 따른 방향과 움직임. 그리고 가장 중요한 중력 효과를 이해하고 구현할 줄 알아야 합니다.

야구공(Baseball) 스프라이트를 추가하여 위에서 아래로 떨어뜨리려면 'y좌표를 바꾸기' 블록을 사용하여 다음과 같이 조립해 보세요. 정확히 위에서 아래로 일정하게 떨어질 겁니다.

그럼, 이제 '중력'이라는 변수를 하나 추가해서 다음과 같이 다시 블록을 따라 조립해 실행해 보세요.

어떤가요? 공이 떨어지는 속도가 빨라지며 자연스럽게 떨어집니다.
처음 '중력' 값이 0에서 −0.7씩 증가합니다. 다시 말해 처음엔 y좌표가 −0.7만큼 움직이고, 두 번째는 −1.4만큼 이런 식으로 증가하다가 마지막 30번째는 −21만큼 움직이게 됩니다.

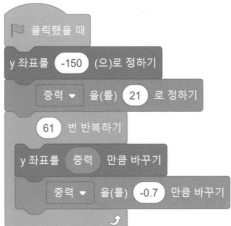

마지막으로 다음 블록처럼 값을 수정하여 실행해 보세요. 자연스럽게 공이 위로 올라갔다가 아래로 내려옵니다. '중력'을 21로 정하고 반복을 두 배+1로 해서 y좌표가 점점 0으로 가면서 올라가고 다시 − 가 되어 아래로 떨어지게 됩니다. 값들을 변경해 보면서 원리를 이해해 보세요.

주요 신호와 변수

이번 작품에서 사용될 주요 신호와 변수를 살펴볼까요?

주요 신호

INTRO ▾ 신호 보내기

START ▾ 신호 보내기

GAMEOVER ▾ 신호 보내기

▶ **INTRO :** 게임의 인트로 화면을 위한 신호입니다.

▶ **START :** 게임 시작 신호입니다. 변수들을 초기화시키고 '탱크A턴' 신호를 보냅니다.

▶ **GAMEOVER :** 게임을 종료하고 승패를 결정합니다.

탱크A턴 ▾ 신호 보내기

탱크A발사 ▾ 신호 보내기

탱크B턴 ▾ 신호 보내기

탱크B발사 ▾ 신호 보내기

▶ **탱크A턴 :** 탱크A의 차례를 알리는 신호입니다.

▶ **탱크A발사 :** 탱크A의 대포 발사 신호입니다.

▶ **탱크B턴 :** 탱크B의 차례를 알리는 신호입니다.

▶ **탱크B발사 :** 탱크B의 대포 발사 신호입니다.

변수

현재턴

탱크A발사

탱크A에너지

탱크A파워

탱크A포각도

탱크B발사

탱크B에너지

탱크B파워

탱크B포각도

▶ **현재턴 :** 현재 어느 탱크의 차례인지 'A', 'B'로 저장합니다

▶ **탱크A발사 :** 탱크A가 대포를 발사하고 있는지 상태(0 거짓, 1 참)를 저장하는 플래그 변수입니다.

▶ **탱크A에너지 :** 탱크A의 에너지 값입니다. 초기값은 31입니다.

▶ **탱크A파워 :** 탱크A가 대포를 발사할 때 결정되는 파워값으로 최대값은 31입니다.

▶ **탱크A포각도 :** 탱크A의 대포 각도로 20~80 사이입니다.

▶ **탱크B발사 :** 탱크B가 대포를 발사하고 있는지 상태를 저장합니다.

▶ **탱크B에너지 :** 탱크B의 에너지값으로 탱크A와 동일합니다.

▶ **탱크B파워 :** 탱크B의 파워값으로 탱크A와 동일합니다.

▶ **탱크B포각도 :** 탱크B의 대포각도로 90~150 사이입니다.

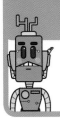

따라하기 인트로 화면 꾸미기

먼저, 게임을 시작하는 인트로 화면을 꾸며보겠습니다. '타이틀' 스프라이트와 '시작' 스프라이트에서 각각 다음과 같이 블록을 조립해 보세요.

⊙ 타이틀   ⊙ 시작

START

타이틀

시작

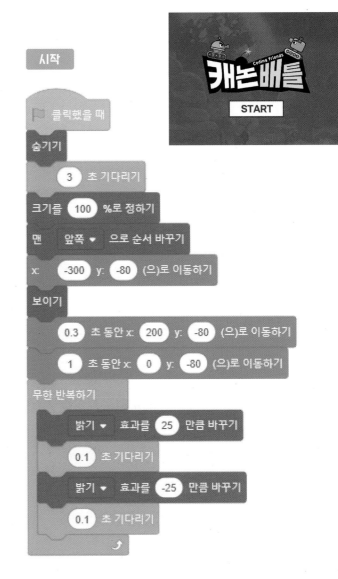

'배경'이 뒤에 흐릿하게 보여집니다. 파란색의 '인트로BG' 스프라이트에 투명도 효과를 주어 나타나도록 한 후에 '타이틀'을 앞쪽으로 보여지도록 합니다. 스프라이트들이 겹치는 경우 이처럼 순서를 바꿔 표시할 수 있습니다. '픽셀화' 효과를 100에서 −2로 바꿔 퍼즐이 맞춰지는 듯한 효과를 줍니다.

'시작' 스프라이트가 왼쪽에서 오른쪽으로 발사하듯이 나타났다가 가운데로 돌아온 후 밝기 효과를 반복해서 줍니다.

미션 게임 배경 눈내리는 효과주기

이제 가벼운 마음으로 첫번째 미션을 시작해 볼까요? 'SNOW' 스프라이트를 선택합니다. 지문을 따라 블록을 작성하여 배경에 눈송이가 천천히 복제되어 내려오도록 해보세요.

⊙ SNOW

'START' 신호를 받았을 때

0.1초 후에 맨 (뒤쪽)으로 순서를 바꾼다
2초마다 나 자신을 복제하는 것을 반복한다

이 정도 쯤이야.
이젠 식은 죽 먹기라고

복제되었을 때

투명도 효과를 5~50, 크기를 20~50%로 정하고
모양을 1~6 사이로 바꾼다
x : -100 ~ 240, y : 200으로 이동한 후에 보이게 한다
y좌표가 -180보다 작을 때까지 아래를 반복한 후 복제본을 삭제한다
y좌표를 -1만큼 바꾸고
x좌표를 -0.5만큼 바꾸고
시계방향으로 1도 회전한다

 HINT

각 그래픽 효과들은 모두 '~부터 ~ 사이 난수' 블록을 사용합니다. 그리고, 계속 반복해서 만드는 복제본은 꼭 삭제해주어야 한다는 점을 잊지 마세요.

미션 확인

게임 배경 눈내리는 효과주기

첫 미션을 가볍게 완성했겠죠? 아래 그림처럼 화면 우측 상단에서 천천히 회전하면서 다양한 형태의 눈송이들이 좌측 하단으로 떨어지는지 확인해 보세요.

○ SNOW

'SNOW' 스프라이트는 다른 스프라이트 앞에 나오지 않도록 맨 뒤쪽으로 순서를 바꿉니다. 2초마다 하나씩 복제본을 만들고 난수를 이용해 여러 그래픽 효과를 난수를 이용해 준 다음, 시작위치를 정합니다. 복제본의 y좌표는 감소하기 때문에 y좌표가 −180보다 작을 때까지 움직임을 줍니다. 아래로 가야하니 y좌표는 감소하고 왼쪽으로 보내기 위해 x좌표도 감소시킵니다. 자연스러운 움직임을 위해 1도씩 회전하도록 하고 마지막 반복이 끝나면 복제본을 삭제합니다.

코딩 프렌즈와 함께 하는 **스크래치 게임 챌린지**

미션 탱크A 좌우로 움직이기

★★☆

이제 본격적으로 게임을 만들어 볼까요? '탱크A' 스프라이트를 선택합니다. '현재턴' 이라는 변수를 이용해 'A'일 때 탱크A가 조작되도록 하고, 'B'일 때 탱크B를 조작할 수 있도록 합니다. 다른 관련 변수들과 신호들도 A, B로 구분되어 있습니다. 키보드를 이용하여 아래와 같이 좌우로 움직여 보세요.

◐ 탱크A

'탱크A턴' 신호를 받았을 때

0.1초 후에 '현재턴'이 'A'가 아닐 때까지 아래를 모두 반복한다

만약 '탱크A발사'가 0일 때만 움직이도록 한다

'오른쪽 화살표' 키를 누르면

다음 모양으로 바꾸고 x좌표가 −135까지만

'Sewing Machine' 소리를 재생하며 x좌표를 0.5씩 움직이도록 한다.

같은 방법으로 '왼쪽 화살표' 키를 누르면

다음 모양으로 바꾸고 x좌표가 −210까지만

'Sewing Machine' 소리를 재생하며 x좌표를 −0.5씩 움직이도록 한다.

HINT

이번 미션은 블록의 구조를 한 번 생각해 볼 필요가 있습니다.
다음 블록의 형태를 참조해서 지문에 해당하는 조건이 어디에 어떤 형태로 들어갈지 생각해 보세요. 그리고, 움직임의 제약이 있는데 오른쪽으로는 x좌표를 −135까지만 움직여야하므로 x 좌표가 −135보다 작을 때만 동작하도록 하면 됩니다.

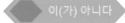

이(가) 아니다

까지 반복하기

만약 　　(이)라면

만약 　　(이)라면

만약 　　(이)라면

만약 　　(이)라면

만약 　　(이)라면

미션 확인 | 탱크A 좌우로 움직이기

'탱크A'가 좌우로 잘 움직이나요? '탱크A턴' 신호는 배경에서 처음 'START' 신호를 받으면 보내게 됩니다. 깃발을 눌러 시작하지 않고도 바로 시작 블록을 클릭하여 확인해 볼 수 있습니다.

◯ 탱크A

근데, 왜 탱크에 대포가 없지?

'탱크A'를 조작할 수 있는 조건은 여러 개가 있고 이들 조건이 모두 만족해야 움직일 수 있습니다. '현재턴' 변수가 'A'일 때라는 조건을 두는 이유는 탱크B가 조작 중일 때 탱크A가 움직여서는 안 되기 때문이죠. 그래서 '현재턴'이 B로 변경되면 반복이 끝나게 됩니다. '탱크A발사' 변수는 탱크A가 대포를 발사하고 있는 상태인지를 저장하는 플래그 변수입니다. 발사 전일 때는 0, 발사 중일 때는 1이 됩니다.

움직임의 제약을 주는 방법은 좌표를 특정값과 비교해서 그 값보다 크거나 작을 때만 움직이도록 하면 됩니다. 또는 좌표가 그 값을 벗어날 때 'x좌표를 ~으로 정하기' 블록을 사용해도 동일한 효과를 줄 수 있습니다.

미션 　탱크B 움직이기

이제 '탱크B'를 선택하여 '탱크A'처럼 좌우로 움직이도록 해 보겠습니다. 같은 형태와 구조에 값만 바꿔주면 되겠죠? 그런데 아직 턴 신호를 자동으로 보내는 기능이 없으니 임시로 1, 2번키를 이용해 1번은 '탱크A', 2번은 '탱크B' 신호를 보내 동작을 테스트해 보세요.

○ 탱크B

'탱크B턴' 신호를 받았을 때

0.1초 후에 '현재턴'이 'B'가 아닐 때까지 아래를 모두 반복한다
만약 '탱크B발사'가 0일 때만 움직이도록 한다
'오른쪽 화살표' 키를 누르면
다음 모양으로 바꾸고
x좌표가 220까지만
'Sewing Machine' 소리를 재생하며 x좌표를 0.5씩 움직이도록 한다.
같은 방법으로 '왼쪽 화살표' 키를 누르면
다음 모양으로 바꾸고 x좌표가 160까지만
'Sewing Machine' 소리를 재생하며 x좌표를 −0.5씩 움직이도록 한다.

HINT

배경에서 다음과 같이 임시로 턴 신호를 보내는 키를 설정합니다. '탱크A'의 블록을 복사해서 수정해도 좋습니다. 단, 복사하기 메뉴를 누르는 것이 아니라 블록을 드래그해서 '탱크B' 스프라이트에 가져다 놔야 합니다. 또는 계정이 로그인되어 있다면 하단의 '개인저장소'를 열어 블록을 저장한 후 꺼내서 사용해도 좋습니다.

미션 확인 [탱크B 움직이기]

2번 키를 눌러 '탱크B턴' 신호를 보내서 화살표 방향키로 탱크B가 좌우로 잘 움직이
는지 확인해 보세요. 1, 2번 키를 번갈아 눌러보면서 해당되는 탱크가 올바로 작동하
는지 확인해 보세요.

○ 탱크B

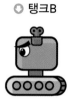

블록을 다른 스프라이트로 복사할 때는
위의 그림처럼 '복사하기' 메뉴를 사용
하면 안됩니다. 이건 자신의 스프라이
트에서만 복사하는 기능입니다.

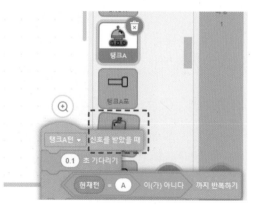

블록을 그대로 드래그하여 복사할 스프
라이트 위로 가져가면 해당 스프라이트
가 까닥거리며 움직입니다. 이때, 마우
스 버튼을 떼면 복사가 되고, 원래 블록
도 다시 제자리로 돌아옵니다. 복사가
안 되거나 중복되는 경우가 없도록 복
사 후에는 꼭 확인해 보세요.

미션 탱크 대포 연결하여 표시하기

'탱크A포' 스프라이트를 선택합니다. 이제, 탱크A의 대포를 나타나게 하여 탱크A를 따라다니도록 합니다. 같은 방식으로 '탱크B포' 스프라이트도 작성하여 탱크들이 움직일 때 같이 따라다니는지 확인해 보세요.

 탱크A포   탱크B포

'START' 신호를 받았을 때

'탱크A'로 이동한 후에 '탱크A포각도'도 방향을 본다
y좌표를 7만큼 x좌표를 12만큼 바꾼 후
크기를 50%로 정하고 보이게 한다

'탱크A턴' 신호를 받았을 때

0.1초 후에 '현재턴'가 'A'가 아닐 때까지 아래를 반복한다
'탱크A'로 이동하고 '탱크A포각도'도 방향을 본다
y좌표를 7만큼 x좌표를 12만큼 바꾼다

'탱크B포' 스프라이트에서
'탱크A포'와 같은 형태로 스프라이트가 '탱크B'를 따라다니도록 한다
y좌표는 7만큼 x좌표는 −15만큼 바꾸고
크기는 30%로 정한다

 HINT

'탱크A포'에서 작성한 블록을 '탱크B포'로 복사해서 사용하세요.

미션 확인 탱크 대포 연결하여 표시하기

시작하면 대포들이 보이고 두 탱크가 움직일 때 대포가 따라서 잘 움직이면 성공입니다.

탱크A포   탱크B포

탱크A포

탱크B포

탱크의 좌표   대포의 좌표

각 탱크의 위치로 이동한 후 x, y 좌표값을 바꾸는 이유는 탱크의 좌표(중심점)로 이동하기 때문입니다. 그래서 좌표의 변경을 통해 대포의 위치를 맞추는 것을 반복해야 합니다.

미션 대포 각도 조종하기

이제 두 탱크의 대포의 각도를 상하 화살표 키로 조종하도록 합니다. 이전 미션과 마찬가지로 '탱크A포'에서 블록을 조립한 후 '탱크 B포'로 복사하여 값을 변경해 주세요.

⊙ 탱크A포   ⊙ 탱크B포

'탱크A턴' 신호를 받았을 때

0.1초 후에 '현재턴'이 'A'가 아닐 때까지 아래 모두를 반복한다
'위쪽 화살표' 키를 누르면
'탱크A포각도'가 20보다 클 경우에만 '탱크A포각도'를 1 줄인다
'아래쪽 화살표' 키를 누르면
'탱크A포각도'가 80보다 작을 경우에만 '탱크A포각도'를 1 더한다

'탱크B포' 스프라이트에서 같은 형태로 블록을 복사하여 작성한다
'현재턴'이 'B'일 때만 움직여야 하고 '탱크B포각도'의 범위는 90도에서 150도 사이이다

 HINT

블록의 구조는 탱크들을 좌우로 움직일 때의 구성과 비슷합니다. '∼ 까지 반복하기' 블록 안에 '만약∼라면'이 들어가고 이 조건 블록 안에 다시 조건 블록이 들어가는 구조입니다.

왜 A와 B의 각도가 다를까?

미션 확인   대포 각도 조종하기

각 턴 신호를 보내 탱크의 대포들이 정해진 각도 내에서 상하 화살표 키로 잘 움직여지는지 확인해 보세요. '탱크A포'는 20~80도, '탱크B'는 90~150도로 60도 반경에서 움직여져야 합니다.

탱크A포

탱크B포

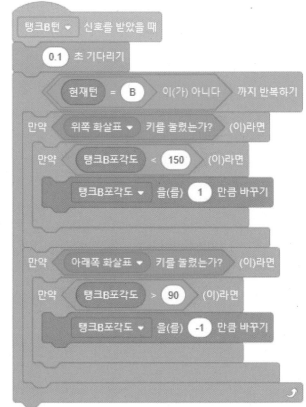

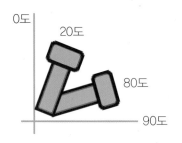

'탱크A포'의 각도는 대포의 방향과 같습니다. '탱크B포'의 각도는 대포의 모양에 따른 각도로, 실제 대포 발사 각도는 190도를 더한 값이 됩니다.

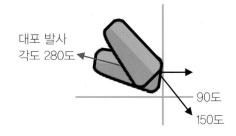

미션 각도자 그리기

★★☆

'각도자A' 스프라이트를 선택합니다. '탱크A포각도'에 따라 각도자가 방향을 가르키도록 합니다. '각도자A'에서 블록을 작성한 후에 '각도자B'에도 같은 방법으로 블록을 복사하여 수정해 보세요.

○ 각도자A   ○ 각도자B

'START' 신호를 받았을 때

1초 후에 x : -180 y:-130 위치로 이동하고
크기를 70%로 정한 후에
맨 앞쪽에서 보이도록 한다
'탱크A포각도'를 이용해 대포 각도와 동일한 방향을 가르키도록 한다

90도   20도   20+ 90

HINT

각도자의 기본 모양으로 기본값인 방향 90도일 경우 위를 보게 됩니다. 따라서 포와 같은 각도를 주려면 90을 더해주어야 합니다.

'각도자B'에서도 이와 같은 방식으로 '탱크B포각도' 변수를 이용해 대포가 가르키는 방향으로 각도자가 표시되도록 한다.

HINT

탱크B의 대포가 발사되는 각도는 포의 각도 '탱크B포각도' 90~150도에서 190도 더한 280~340도입니다. 이를 각도자로 표현하려면 어떻게 해야할지 생각해 보세요.

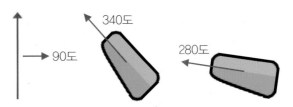

90도   340도   280도

미션 확인 [각도자 그리기]

각 탱크의 대포 각도에 따라 각도자가 잘 움직이나요? 아래의 블록과 다시 비교해 보세요.

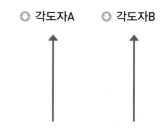

각도자A

탱크A의 대포 각도는 앞서 설명한 대로 각도자의 90도가 위를 향하고 있으므로 90도만 더해주면 발사 각도와 동일하게 됩니다.

각도자B

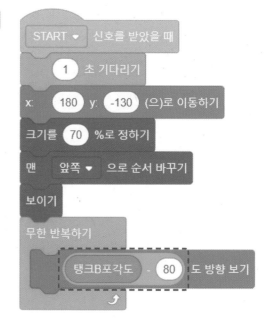

탱크B의 각도자 즉, 대포의 발사 각도는 '탱크B포각도'에서 80을 빼줍니다. 왜 그럴까요? 탱크B포각도와 대포의 발사 각도는 다릅니다. 발사 각도가 280~340도일 때 '탱크B포각도'는 90~150도라고 했습니다. 발사 각도와 각도자와의 관계를 보면 발사 각도가 340도일 때 각도자가 그 방향을 바라보도록 하려면 위쪽 방향 90도에서 20도 뺀 70도가 됩니다. 이는 포각도 150도에 해당하므로 '탱크B포각도'에서 80도를 뺀 값이 탱크B의 각도자 각도가 되는 것입니다.

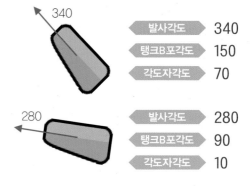

미션 대포 파워게이지와 발사 신호 보내기

'파워A' 스프라이트를 선택합니다. 스페이스 키를 누르고 있는 동안 파워게이지를 올리는 그래픽 효과를 주고 '탱크A파워' 변수를 결정한 후 발사 신호를 보냅니다.

◎ 파워A

'탱크A턴' 신호를 받았을 때

색깔 효과를 0으로 정하고 '탱크A파워'를 0으로 정한 후에 아래 모두를 반복한다

만약 '현재턴'이 A이고 스페이스 키를 눌렀으면 ①을 아니면 ②를 실행한다

① 만약 '탱크A파워'가 31보다 작으면 '탱크A파워'를 1만큼 바꾸고 자신을 복제한다

② 만약 '탱크A파워'가 0보다 크면 '탱크A발사' 신호를 보내고 기다린 후 '탱크A파워'를 0으로 정하고 '탱크B턴' 신호를 보낸 다음 이 스크립트를 멈춘다

복제되었을 때

x : −107 + (('탱크A파워') × 3), y : −150으로 이동한다
맨 앞쪽으로 순서를 바꾸고 뒤로 2단계 보낸 다음 보이게 한다

🤖 HINT

스페이스 키를 누르고 있으면 파워게이지의 복제본이 왼쪽에서 오른쪽으로 3 간격으로 복제되어 채워져야 합니다. 스페이스 키를 떼면 멈추고 '탱크B턴'으로 넘어갑니다.

미션 확인 | 대포 파워게이지와 발사 신호 보내기

파워게이지가 잘 올라가나요? 아래 블록과 천천히 비교해 보고, 스페이스 키를 누르고 있는 동안 파워게이지가 올라가는 것이 보여지고, 키에서 손을 떼었을 때 '탱크B턴'으로 신호를 보내는지 확인해 보세요.

⊙ **파워A**

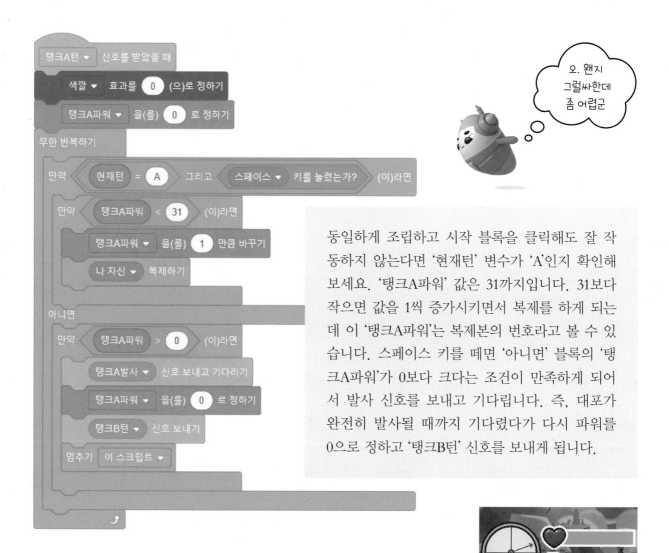

오. 왠지 그럴싸한데 좀 어렵군

동일하게 조립하고 시작 블록을 클릭해도 잘 작동하지 않는다면 '현재턴' 변수가 'A'인지 확인해 보세요. '탱크A파워' 값은 31까지입니다. 31보다 작으면 값을 1씩 증가시키면서 복제를 하게 되는데 이 '탱크A파워'는 복제본의 번호라고 볼 수 있습니다. 스페이스 키를 떼면 '아니면' 블록의 '탱크A파워'가 0보다 크다는 조건이 만족하게 되어서 발사 신호를 보내고 기다립니다. 즉, 대포가 완전히 발사될 때까지 기다렸다가 다시 파워를 0으로 정하고 '탱크B턴' 신호를 보내게 됩니다.

x좌표를 복제본의 순번인 '탱크A 파워' 변수에 따라 3씩 증가시키면서 보여줍니다. 가장 앞으로 왔다가 뒤로 보내는 것은 번개 모양의 스프라이트 뒤에 보이게 하기 위해서입니다.

미션 파워게이지 풀 파워 및 복제본 삭제

'파워A' 스프라이트 복제본에서 이어서 풀 파워 효과와 복제본 삭제 처리를 합니다. 작동 테스트 후 '파워B' 스프라이트에 복제하여 같은 형태로 수정해 주세요.

위 블록에 이어서 작성한다
만약 '탱크A파워'가 31이면 색깔 효과를 −20으로 정한다
만약 '탱크A파워'가 0이면 복제본을 삭제한다

파워A 풀파워

'파워A'에서 작성한 블록 묶음 2개를 '파워B'로 복사하여 수정한다
해당 변수와 신호를 알맞게 수정한다
복제본의 x좌표 위치는 108에서 복제본의 순번인 '탱크B 파워'에서 3을 곱한 값을 빼준다
즉, 오른쪽에서 왼쪽으로 채워지도록 한다

파워B 게이지

HINT

스페이스 키를 끝까지 누르고 있으면 색상이 변하고 발사 신호가 끝나면 복제본이 모두 삭제되고 탱크B턴으로 넘어가야 합니다. '파워B'의 게이지는 위의 그림과 같이 오른쪽에 왼쪽으로 채워져야 합니다.

미션 확인 | 파워게이지 풀 파워 및 복제본 삭제

변수와 신호가 올바르게 작성되었는지 아래 블록과 천천히 비교해 보고 실행하여 테스트 해 보세요.

○ 파워A   ○ 파워B

파워A

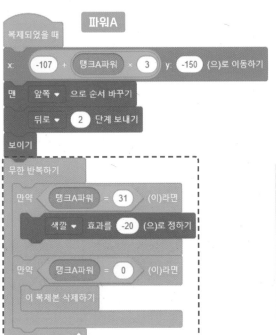

그런데 대포는 언제 발사하는걸까?

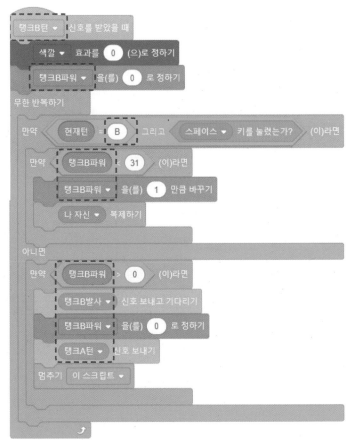

파워B

'파워A'에서 복사한 블록에서 수정해야 할 부분이 많으니 표시를 참조하여 체크해 보세요.

미션 포탄A 대포 발사 함수 만들기

이제 드디어 포탄을 발사할 차례입니다. '포탄A' 스프라이트를 선택하세요. 대포를 발사하는 나만의 블록(함수)를 만들어 자연스럽게 포물선을 그리며 발사되도록 합니다.

⊙ 포탄A

위와 같이 '대포발사' 나만의 블록을 만들고 2개의 입력값(숫자 또는 문자열)을 추가한 후에 아래의 블록을 조립한다

'A중력'을 3으로 정하고 'A속도'을 (파워)의 반값으로 정한다
(각도)도 방향을 보고 보이게 한다
y좌표가 −70보다 작거나 x좌표가 230보다 클 때까지 아래를 반복한 후 숨긴다
'A속도'만큼 움직이고 y좌표를 'A중력'만큼 바꾼다
'A중력'을 0.6씩 줄인다
만약 '탱크B'에 닿았다면
'Crunch'를 재생하고 '탱크B에너지'를 2씩 줄이고
'A속도'을 10% 증가시킨 후 0.1초 기다린다

HINT

나만의 블록(함수)를 모두 완성한 후에 위 블록을 따라 조립하여 실행해 보세요.

 HINT

지문에 나온 각도와 파워는 '대포발사' 함수의 입력값인 각도와 파워 블록을 드래그해서 넣어야 합니다. 다소 생각이 필요한 부분이 있으니 천천히 블록을 조립하면서 어떻게 동작을 하는 건지 생각해 봅니다. 최대한 스스로 미션을 완성할 수 있도록 노력해 보세요.

미션 확인 　포탄A 대포 발사 함수 만들기

대포가 발사되나요? 미션 확인 페이지를 안 보고 성공했다면 대단한 실력입니다. 다시 한번 다음 블록과 비교해보고 설명을 읽고 대포가 발사되는 원리를 이해해 보세요.

◐ 포탄A

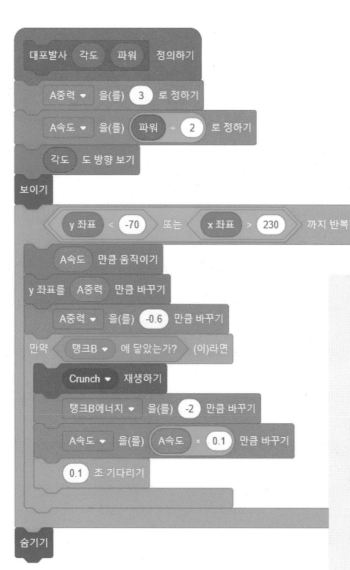

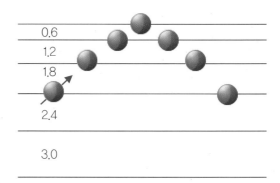

움직이는 속도인 'A속도'과 방향인 각도는 고정되어 있습니다. 포물선을 그리는 대포의 가장 주요한 요소는 'A중력' 변수입니다. 이 변수가 어떻게 변하는지 값을 따라가 볼까요? 처음 3에서 −0.6씩 줄어들죠. 이 값으로 y좌표를 바꿉니다. 그러면 폭이 3 > 2.4 > 1.8 식으로 줄어들다가 0이 되고, 반대 음수로 −0.6 > −1.2 > −1.8 식으로 증가할 겁니다. 그래서 위 그림처럼 위로 올라갈 때는 한번 움직일 때마다 y좌표의 폭이 줄어들고, 내려갈 때는 y좌표의 폭이 증가하게 됩니다.

'A속도'를 10% 증가시키려면 0.1을 곱한 값으로 바꾸면 됩니다. 포탄이 움직이는 반복의 조건은 탱크 아래 쪽으로 떨어지거나 (y : −70) 오른쪽으로 나가버리는 경우(x : 230)입니다.

미션   포탄 B 대포발사

이제 '포탄B'도 발사할 수 있겠죠? 방금 전 작성한 '포탄A'의 블록 묶음 2개를 복사해서
수정해 보세요. 스크래치에서는 나만의 블록을 스프라이트마다 작성해 주어야 합니다.

○ 포탄B

'포탄A'의 나만의 블록을 복사하여 사용한다
'A중력'과 'A속도'를 'B중력', 'B속도'로 변경한다
(각도) + 190도 방향을 본다
포탄이 움직이는 반복이 끝나는 조건은 y가 −70
아래로 떨어지거나 x좌표가 −230보다 왼쪽으로
갈 때이다
포탄이 '탱크A'에 닿으면 '탱크A에너지'를 3씩 줄
인다
나머지 값들은 모두 '포탄A'와 동일하게 하고 변수
를 알맞게 수정한다

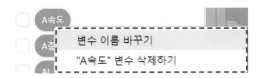

HINT

나만의 블록을 작성한 후 위의 블록
을 조립해서 테스트해 보세요.

HINT

'A속도'와 'A중력'은 해당 스프라이트에서만 사용되는 지역 변수입니다. 그래서 나만의 블록을 복사하면 자동으
로 변수들이 생기게 되는데 이 변수를 변경하려면 '변수' 메뉴에서 해당 변수를 마우스 우클릭하여 '변수 이름
바꾸기'를 선택하여 변경하면 됩니다.

미션 확인 　포탄B 대포 발사

이전 '포탄A'보다는 수월하게 미션을 완성했을거라 생각합니다. 탱크의 턴을 번갈아 가며 대포를 발사해 보세요 각도와 파워를 다르게 하여 자연스럽게 대포가 발사되는지와 각 반대편 탱크에 닿았을 때 에너지가 줄어드는지도 확인해 보세요.

◉ 포탄B

위 그림과 같이 두 탱크의 에너지 변수를 체크하여 화면에 보이도록 한 후 테스트해 보세요.

탱크A가 먼저 시작하기 때문에 탱크B의 대포는 탱크A의 에너지를 3씩 줄게 하도록 합니다. 탱크에 닿으면 포탄의 속도를 증가시키게 되는데 탱크에 닿아있는 시간이 낮은 각도에서는 짧고 높은 각도에서는 길어 정확하게 맞았을 때 더 많은 에너지를 줄어들게 합니다. 각도가 높은 상태에서 정확하게 맞혔을 경우와 각도가 낮은 상태에서 맞혔을 경우의 에너지 감소 값을 비교해 보세요.

미션 에너지 게이지 표시하기

이제 두 탱크의 에너지 게이지를 표시해 보겠습니다. 먼저 '에너지A' 스프라이트를 선택하세요. 기본적인 원리는 파워게이지와 비슷하지만 에너지는 처음 모두 채워진 상태에서 '탱크A에너지' 변수에 따라 복제본이 삭제되어야 합니다. 이번 미션은 지문을 보고 빈 칸에 알맞은 블록을 조립하는 미션입니다. '에너지A'를 완성한 후 '에너지B'에 복사하여 값을 수정해 보세요.

◎ 에너지A   ◎ 에너지B

① '에너지번호A'를 0부터

② '탱크A에너지' 값까지

③ 1씩 증가시키면서 복제한다

④ 복제본의 x좌표는 '에너지번호A'를 이용하여 −107에서 3 간격으로 증가시킨다

⑤ '에너지번호A'가 '탱크A에너지'보다 크면 복제본을 삭제한다

⑥ '탱크A에너지'가 10보다 작으면 색깔 그래픽 효과를 준다

두 블록 묶음을 '에너지B'에 복사하여 알맞은 값으로 변경한다
복제본의 x좌표는 109에서 시작하여 3씩 감소해야 한다

복제되었을 때

x: (−107 + ④) y: −110 (으)로 이동하기

맨 앞쪽 ▾ 으로 순서 바꾸기

뒤로 ▾ 1 단계 보내기

보이기

무한 반복하기

만약 ⑤ (이)라면

0.01 초 기다리기

이 복제본 삭제하기

만약 ⑥

색깔 ▾ 효과를 25 만큼 바꾸기

0.5 초 기다리기

색깔 ▾ 효과를 −25 만큼 바꾸기

0.2 초 기다리기

START ▾ 신호를 받았을 때

탱크A에너지 ▾ 을(를) 31 로 정하기

에너지번호A ▾ ①

1 초 기다리기

까지 반복하기

② 에너지번호A ▾ 을(를)

나 자신 ▾ 복제하기 ③

미션 확인 에너지 게이지 표시하기

◎ 에너지A   ◎ 에너지B

에너지A

```
복제되었을 때

x: -107 + ( 에너지번호A × 3 ) y: -110 (으)로 이동하기

맨 앞쪽 ▼ 으로 순서 바꾸기

뒤로 ▼ 1 단계 보내기

보이기

무한 반복하기
    만약 ( 탱크A에너지 < 에너지번호A ) (이)라면
        0.01 초 기다리기
        이 복제본 삭제하기

    만약 ( 탱크A에너지 < 10 ) (이)라면
        색깔 ▼ 효과를 25 만큼 바꾸기
        0.5 초 기다리기
        색깔 ▼ 효과를 -25 만큼 바꾸기
        0.2 초 기다리기
```

```
START ▼ 신호를 받았을 때

탱크A에너지 ▼ 을(를) 31 로 정하기

에너지번호A ▼ 을(를) 0 로 정하기

1 초 기다리기

( 탱크A에너지 = 에너지번호A ) 까지 반복하기
    에너지번호A ▼ 을(를) 1 만큼 바꾸기

나 자신 ▼ 복제하기
```

에너지B

```
START ▼ 신호를 받았을 때

탱크B에너지 ▼ 을(를) 31 로 정하기

에너지번호B ▼ 을(를) 0 로 정하기

1 초 기다리기

( 탱크B에너지 = 에너지번호 ) 까지 반복하기
    에너지번호B ▼ 을(를) 1 만큼 바꾸기

나 자신 ▼ 복제하기
```

```
복제되었을 때

x: 109 - ( 에너지번호B × 3 ) y: -110 (으)로 이동하기

맨 앞쪽 ▼ 으로 순서 바꾸기

뒤로 ▼ 1 단계 보내기

보이기

무한 반복하기
    만약 ( 탱크B에너지 < 에너지번호B ) (이)라면
        0.01 초 기다리기
        이 복제본 삭제하기

    만약 ( 탱크B에너지 < 10 ) (이)라면
        색깔 ▼ 효과를 25 만큼 바꾸기
        0.5 초 기다리기
        색깔 ▼ 효과를 -25 만큼 바꾸기
        0.2 초 기다리기
```

미션 턴 화살표 표시하기

현재 어떤 탱크의 턴인지 확실하게 표시해 줄 화살표를 표시해 보겠습니다. '화살표' 스프라이트가 현재 턴인 탱크 위에 나타나 대포를 발사하라고 알려줄 겁니다. 이번 미션은 디버깅 미션으로 지문과 다른 부분을 찾아 알맞게 수정해야 합니다. 아래 '탱크A턴' 블록을 완성한 후 같은 스프라이트에서 복사하여 '탱크B턴' 신호를 받았을 때 블록도 수정해 주세요.

◑ 화살표

❗ 수정이 필요한 부분은 총 4군데입니다.

'현재턴'이 'A'인 동안만 반복한다
'탱크A' 위치로 이동한 후 y좌표를 60만큼 위로 올린다
0.2초 간격으로 y좌표를 위아래로 5만큼씩 움직이도록 한다
만약 '탱크A발사'가 1이면 숨기고 이 스크립트를 멈춘다
반복이 끝나면 숨긴다

블록을 복사하여 시작 블록을 '탱크B턴' 신호를 받았을 때로 수정한 후 알맞게 변경한다

🤖 HINT

지문에 없는 블록들은 제시된 블록 그대로 따라서 작성해 주세요.

미션 확인 턴 화살표 표시하기

모두 잘 찾아서 변경했나요? 아래 4군데 잘못된 부분을 확인한 후에 복사하여 우측 '탱크B턴' 신호를 받았을 때를 완성해 보세요.

○ 화살표

① '현재턴'이 'A'인 동안은 '현재턴'이 'B'일 때까지를 의미합니다.

② 위로 60만큼 올려야 하므로 '바꾸기' 블록을 사용해야 합니다.

③ '탱크A발사'가 1이면 임으로 등호를 사용하면 됩니다.

④ 탱크A발사가 1이라면 조건 블록은 반복 블록 안에 있어야 합니다.

미션 카운트 다운

게임이 거의 완성되어가네요. 이제 '카운트다운' 스프라이트를 선택합니다. 그림처럼 화면 우측 상단에 턴마다 10초씩 카운트다운을 표시하도록 합니다. 턴마다 동일한 형태로 표시되니 함수(나만의 블록)로 만들어 사용하도록 하겠습니다. 입력값 없는 심플한 'Countdown' 블록을 만들어서 조립해 보세요.

◐ 카운트다운

1

'턴초' 변수를 10으로 정한다

0.1초 후에 모양을 '턴초'로 바꾸고 보이게 한다

1.5초 후에 '턴초'가 2보다 작을 때까지 아래를 반복한다

만약 '탱크A발사'가 1이거나 '탱크B발사'가 1이면

이 스크립트를 멈춘다

'턴초'를 1 줄이고 모양을 '턴초'로 바꾸고 1.5초 기다린다.

반복이 끝나면 숨긴다

만약 '현재턴'이 A라면 '탱크B턴' 신호를 보내고

아니면 '탱크A턴' 신호를 보낸다

> 카운트다운을 짧게 하려면 '턴초'만 변경하면 되고 더 길게 하고 싶다면 '턴초'를 늘리고 모양도 추가 해야해. 왜냐하면 모양이 10까지 밖에 없으니까!

HINT

나만의 블록을 완성한 후에 왼쪽의 블록 2개를 작성하여 나만을 블록을 사용해 보고 턴마다 카운트다운이 잘 되는지 테스트해 보세요.

미션 확인 카운트 다운

작성한 블록과 비교해 보고 카운트다운이 잘 표시되는지 확인해 보세요.

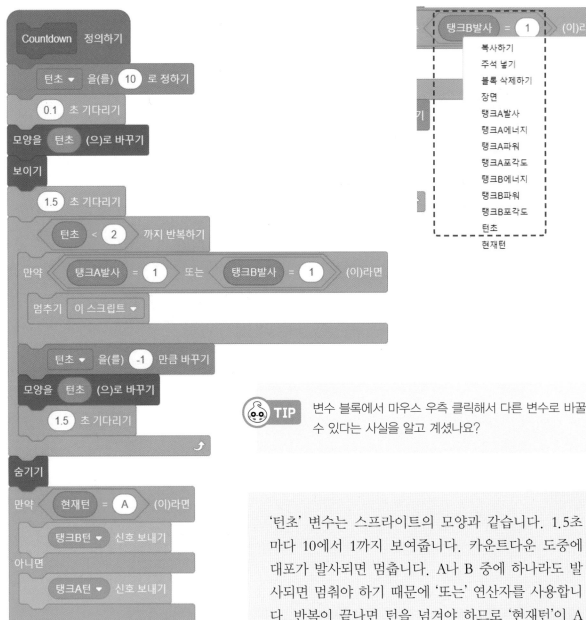

```
Countdown 정의하기

    턴초 ▼ 을(를) 10 로 정하기

    0.1 초 기다리기

모양을 턴초 (으)로 바꾸기

보이기

    1.5 초 기다리기

    턴초 < 2 까지 반복하기

만약  탱크A발사 = 1  또는  탱크B발사 = 1  (이)라면

    멈추기  이 스크립트 ▼

    턴초 ▼ 을(를) -1 만큼 바꾸기

모양을 턴초 (으)로 바꾸기

    1.5 초 기다리기

숨기기

만약  현재턴 = A  (이)라면

    탱크B턴 ▼ 신호 보내기

아니면

    탱크A턴 ▼ 신호 보내기
```

메뉴: 탱크B발사 = 1 (이)라면
복사하기
주석 넣기
블록 삭제하기
장면
탱크A발사
탱크A에너지
탱크A파워
탱크A포각도
탱크B에너지
탱크B파워
탱크B포각도
턴초
현재턴

TIP 변수 블록에서 마우스 우측 클릭해서 다른 변수로 바꿀 수 있다는 사실을 알고 계셨나요?

'턴초' 변수는 스프라이트의 모양과 같습니다. 1.5초마다 10에서 1까지 보여줍니다. 카운트다운 도중에 대포가 발사되면 멈춥니다. A나 B 중에 하나라도 발사되면 멈춰야 하기 때문에 '또는' 연산자를 사용합니다. 반복이 끝나면 턴을 넘겨야 하므로 '현재턴'이 A이면 '탱크B턴' 신호를 보내고, 아니면 B이므로 '탱크A턴' 신호를 보냅니다.

미션 승패 표시하기

드디어 마지막 미션입니다. 이제 승패를 표시하도록 하겠습니다. 'win' 스프라이트를 선택해서 조립 후 'lose'에 복사해서 수정하세요. 그리고 '승패BG' 블록을 조립하세요.

 WIN   LOSE   ⊙ 승패BG

WIN

'GAMEOVER' 신호를 받았을 때

만약 '탱크A에너지'가 1보다 작으면
x : 110, y : 80 아니면 x : −110, y : 80으로 이동한 후
1초후에 맨 앞쪽으로 순서를 바꿔 보이게 한다

탱크A가 졌을 때

LOSE

'win' 스프라이트의 블록을 복사하여 좌표의 위치를 바꾼
다. 즉, 탱크A가 지면 왼쪽에 이기면 오른쪽에 표시되어
야 한다.

탱크A가 이겼을 때

승패BG

'GAMEOVER' 신호를 받았을 때

만약 '탱크A에너지'가 1보다 작으면
x : 0, y : 0 아니면 x : 240, y : 0으로 이동한 후
'투명도' 효과를 100으로 정한 후 보이게 하고
'투명도' 효과를 5씩 줄이는 것을 15번 반복한다

미션 확인 승패 표시하기

탱크A가 이겼을 때와 졌을 때 승패결과를 확인해 보세요.

⬇ WIN ⬇ LOSE ⬇ 승패BG

WIN

LOSE

GAMEOVER ▼ 신호를 받았을 때
만약 〈 탱크A에너지 < 1 〉 (이)라면
　x: -110 y: 80 (으)로 이동하기
아니면
　x: 110 y: 80 (으)로 이동하기
　1 초 기다리기
맨 앞쪽 ▼ 으로 순서 바꾸기
보이기

승패BG

투명도는 100일 때 보이지 않고 0에 가까울수록 진해집니다.

이제 친구, 가족들과 함께 신나는 게임대전을 펼쳐보라구!

184 코딩 프렌즈와 함께 하는 **스크래치 게임 챌린지**

챌린지 미션 1인 대전 인공지능 만들기

앗, 아직 또 미션이 남았냐구요? 이번 미션은 챌린지 미션인데 2인 대전을 하기 어렵거나 컴퓨터와 대전을 하고 싶은 친구들을 위해 탱크B를 인공지능으로 만들어 보려고 합니다. 제시된 지문을 보고 도전해 보세요. 아직 어렵다고 느껴진다면 다음 페이지의 블록들을 따라 해도 좋습니다.

① '탱크B' 턴이 되면 자동으로 움직여야 한다

② '탱크B' 턴에 자동으로 각도를 조절해야 한다

③ '탱크B' 턴에 카운트다운 시간 내에 대포를 발사해야 한다

HINT

실제 플레이어가 하는 것처럼 '탱크B'의 모든 동작이 동일하게 작동하도록 해야 합니다. 그러기 위해서는 우선 자동으로 값들을 저장할 변수가 필요합니다.
먼저, 변수 3개를 만들어 주세요. 변수명은 여러분이 정해도 좋습니다.

 ▶ **AI_x좌표** : 좌우로 움직일 x좌표값입니다.

 ▶ **AI_각도** : 대포의 각도입니다.

 ▶ **AI_파워** : 대포의 파워값입니다.

HINT

미션에 도전해볼 사람들을 위해 힌트를 더 드리면 '탱크B', '탱크B포', '파워B' 이렇게 3개의 스프라이트에서만 블록을 변경하면 됩니다.

미션 확인 　1인 대전 인공지능 만들기

먼저, '탱크B' 스프라이트에서 턴을 받으면 1초 후에 자동으로 움직이도록 하겠습니다.

○ 탱크B

```
탱크B턴 ▼ 신호를 받았을 때
  1 초 기다리기
  AI_X좌표 ▼ 을(를) 190 부터 210 사이의 난수 로 정하기
  AI_X좌표 = x 좌표 까지 반복하기
    만약 AI_X좌표 > x 좌표 (이)라면
      Sewing Machine ▼ 재생하기
      x 좌표를 0.5 만큼 바꾸기
    아니면
      Sewing Machine ▼ 재생하기
      x 좌표를 -0.5 만큼 바꾸기
```

기존의 좌우 화살표 키로 움직이는 블록을 떼어놓고 다음 블록을 조립하여야 합니다. 'AI_x좌표'에 탱크B의 반경을 난수로 정한 후에 x좌표가 정해진 난수로 키보드를 눌렀을 때처럼 움직일 수 있도록 합니다. 현재 x좌표와 목표 x좌표를 비교하여 왼쪽으로 갈지 오른쪽으로 갈지를 결정합니다.

미션 확인

그 다음 턴을 받은 뒤 **3초** 후에 '탱크B포'의 각도를 자동으로 조정합니다.

⊙ 탱크B포

```
탱크B턴 ▼  신호를 받았을 때
  3  초 기다리기
  AI_각도 ▼  을(를)  120  부터  130  사이의 난수  로 정하기
      AI_각도  =  탱크B포각도     까지 반복하기
  만약   AI_각도  >  탱크B포각도    (이)라면
      탱크B포각도 ▼  을(를)  1  만큼 바꾸기
  아니면
      탱크B포각도 ▼  을(를)  -1  만큼 바꾸기
```

'AI_각도'에 각도 반경을 난수로 생성하여 저장하고 움직일 때와 같은 형태로 목표 각도에 도달할 때까지 '탱크B포각도'를 변경합니다.
기존의 위아래 화살표 키로 각도를 조정하는 블록은 떼어놓아야 합니다.
대포의 각도 반경은 90~150도인데 정확도를 높이기 위해 각도를 좁게 설정합니다.

미션 확인 　1인 대전 인공지능 만들기

이제 마지막으로 대포만 발사하면 되겠네요. '포탄B'가 아니라 '파워B' 스프라이트에서 수정해 보세요.

◎ 파워B

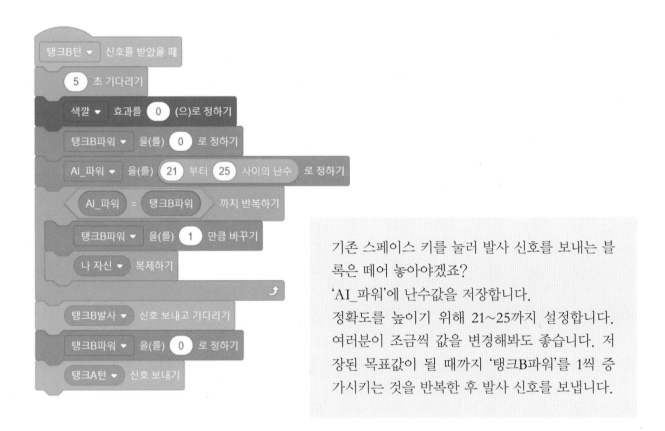

기존 스페이스 키를 눌러 발사 신호를 보내는 블록은 떼어 놓아야겠죠?
'AI_파워'에 난수값을 저장합니다.
정확도를 높이기 위해 21~25까지 설정합니다. 여러분이 조금씩 값을 변경해봐도 좋습니다. 저장된 목표값이 될 때까지 '탱크B파워'를 1씩 증가시키는 것을 반복한 후 발사 신호를 보냅니다.

 HINT ···

그럼, 이제 인공지능 컴퓨터와 한판 대전을 펼쳐보세요. 생각보다 강력하답니다. 쉽다면 여러분이 더 정확도를 높여보세요.

HINT 　확장하기

> 인트로를 더 꾸며서 1인 대전, 2인 대전 모드를 만들어 보세요.
> 새로운 나만의 배경을 추가하여 탱크들을 다르게 배치해 보세요.
> 2인 대전에서 플레이어의 키가 겹치지 않게 다르게 구성해 보세요.

정리하기

이번 작품은 어땠나요?
나만의 작품으로 좀 더 멋지게 꾸며 친구들에게 공유해 보세요.
어떤 부분이 재미있었고 어려웠는지 느낀 점도 함께 적어보세요.

☑ 신호와 변수를 이용해 상태를 체크하고 여러 동작을 제어할 수 있습니다.

☑ 복제본에 번호를 부여하고 변수와 비교하여 게이지를 구현할 수 있습니다.

☑ 여러 블록을 하나의 블록으로 만들어 주는 나만의 블록(함수)를 이해하고 정의하여 사용할 수 있습니다.

☑ 방향과 움직임 그리고 중력 효과를 이용하여 자연스러운 포탄의 움직임을 표현할 수 있습니다.

☑ 소리와 다양한 그래픽 효과를 줄 수 있습니다.

MEMO

코딩 퀴즈

본 문제는 수학적 사고력과 창의력을 평가하는 문제입니다.

Q 제크는 덧셈, 뺄셈, 곱셈을 배운 뒤 자신만의 연산자를 만들어 친구들에게
풀어보라고 문제를 냈습니다.
마지막 정답을 맞춰보세요.
(별 연산자에는 덧셈, 뺄셈, 곱셈이 모두 포함되어 있습니다.)

$$2 ★ 4 = 10$$
$$3 ★ 7 = 31$$
$$4 ★ 9 = 49$$
$$5 ★ 6 = ?$$

답과 함께 왜 그렇게 생각하는지 적어보세요.   정답 194 page

사물인터넷

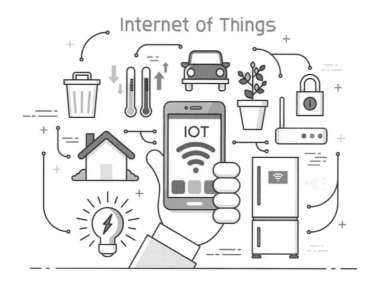

IoT(Internet of Things)는 사물인터넷의 약자로 사물에 센서를 부착하여 실시간으로 데이터를 주고받는 기술이나 환경을 말합니다. 즉, 세상의 모든 사물들이 네트워크로 연결되어 서로 소통할 수 있다는 것입니다.

여기서 사물이란 가전제품, 모바일 장비, 웨어러블 디바이스 등 다양한 임베디드 시스템을 말합니다. 임베디드 시스템이란 제어가 필요한 전자 장치 내에 있는 컴퓨터 시스템을 의미합니다.

사물인터넷이 가능하기 위해서는 인터넷뿐만 아니라 센서와 네트워크 기술, 빅데이터, 클라우드 컴퓨팅, 인공지능, 3D프린팅 등의 다양한 기반 기술이 함께 어우러져야 합니다.

앞으로 사물인터넷은 점차 지능화되어 스마트자동차, 스마트홈, 스마트시티 등 스마트 세계를 만들어 낼 것입니다.

코딩 퀴즈 답안

대전 하키 게임

Q 제크는 학교에서 7 세그먼트 센서로 숫자를 표현하는 방법을 배웠다. 7개의 LED를 모두 켜면 8이 되고 오른쪽 2개를 켜면 1이 되는 형태로 모든 수를 표현할 수 있다는 것을 알게 된 제크는 친구들에게 이 센서로 만든 숫자를 보여주고 다음에 나올 숫자를 맞춰보라고 하였다. 마지막에 올 숫자는 무엇일까?

0 6 12 19 27 35 ?

A 정답 **45**

0은 6개의 LED로 6을 다음 수로 정합니다.
6은 6개의 LED를 사용하여 다시 6을 더하면 다음 수는 12가 되고,
같은 방식으로 12는 7개의 LED를 사용하여 12 + 7 = 19
19는 8개의 LED를 사용하여 19 + 8 = 27
27은 8개의 LED를 사용하여 27 + 8 = 35
마지막 35는 10개의 LED를 사용함으로 마지막 수는 45가 됩니다.

Let's go 팡팡

Q 아래의 기호들은 어떤 물체가 나타내는 모양입니다. 이 기호들이 나타내는 숫자가 의미하는 것이 무엇인지 생각해보고 마지막 기호의 숫자를 맞춰보세요.

⌐ = 15   ¬ = 15

| = 18   — = ?

A 정답 **12**

위 기호들은 시계의 시침과 분침을 나타내는 것입니다. 시침과 분침을 구분하여 계산하는 것이 아니라 두 침이 가리키는 숫자를 더한 값입니다. 첫 번째는 12와 3이므로 15, 두 번째는 9와 6 이므로 15, 세 번째는 12와 6이므로 18, 마지막 문제 네 번째는 9와 3이므로 12입니다.

코딩 퀴즈 답안

Q 아래의 식을 잘 살펴보고 마지막 ( ) 안에 들어갈 알맞은 값을 구해 보세요.

$$1 = 5$$
$$2 = 16$$
$$3 = 29$$
$$4 = 33$$
$$5 = (\ ?\ )$$

A 정답 1

정답은 1입니다. 왜냐하면 1 = 5라고 정의되어 있으므로 5 = 1이 성립하기 때문입니다. 주어진 식의 패턴을 분석해서 푸는 것이 아니라 미리 정의된 등식을 이용하여 창의적 발상이 필요한 문제입니다.

Q 다음 주어진 계산식에서 숫자 하나만 옮겨서 올바른 식을 만들어 보세요.
기호가 아닌 하나의 숫자만 옮길 수 있으며 완전한 계산식이 되어야 합니다.
* 하나의 숫자란 0~9 사이 하나의 숫자를 의미합니다.

$$52 - 2 = 23$$

A 정답 **정답은 2가지가 있습니다.**

첫 번째는 52 중 2를 5앞으로 놓아 25 - 2 = 23으로 만들 수 있습니다.
다른 하나는 52 중 2를 5의 지수로 올려 5의 2승을 만들어 $5^2 - 2 = 23$로 계산식을 완성할 수 있습니다.

코딩 퀴즈 답안

CHAPTER 05 캐논 배틀

Q 제크는 덧셈, 뺄셈, 곱셈을 배운 뒤 자신만의 연산자를 만들어 친구들에게 풀어보라고 문제를 냈습니다.
마지막 정답을 맞춰보세요.
(별 연산자에는 덧셈, 뺄셈, 곱셈이 모두 포함되어 있습니다.)

$$2 ★ 4 = 10$$
$$3 ★ 7 = 31$$
$$4 ★ 9 = 49$$
$$5 ★ 6 = ?$$

A 정답 11

별 연산자의 패턴을 파악하여 연산 공식을 구하는 문제입니다.

$$(4 - 2) × 4 + 2 = 10$$
$$(7 - 3) × 7 + 3 = 31$$
$$(9 - 4) × 9 + 4 = 49$$
$$(6 - 5) × 6 + 5 = 11$$

코딩 프렌즈와 함께 하는
스크래치 게임 챌린지

1판 1쇄 발행 2021년 02월 05일
1판 2쇄 발행 2023년 08월 08일

저 자 | 지란지교에듀랩, 이휘동
발 행 인 | 김길수
발 행 처 | ㈜영진닷컴
주 소 | (우)08505 서울특별시 금천구 가산디지털1로 128
        STX-V 타워 4층 401호
등 록 | 2007. 4. 27. 제16-4189

©2021,. 2023. ㈜영진닷컴

ISBN | 978-89-314-6339-2

YoungJin.com Y.
영진닷컴